DAVID SIMON   **ENTER YOUR MATRIX**

AF288604

David Simon

ENTER YOUR MATRIX
SECRETS OF THE DARK EMPIRE

- Gebrauchsanweisung -

3. aktualisierte Auflage

I D E A
Edition Pega

Searching...

(⌐)
- Dieses Buch enthält ein Geheimnis, dessen
Lösung <u>nicht</u> im Buch steht -
... Hinweise zur Lösung finden Sie unter den
jeweiligen Schlüsseln...

Die Lösung hinter diesem Geheimnis wird in
Geheimdienstkreisen höher klassifiziert, als die
Entwicklung der Wasserstoffbombe, (-) größer
als das Manhattan-Project zu seiner Zeit, (/)
denn dieses Geheimnis `existiert nicht`...
Fiktion?
(?)

Wer die 11 Schlüssel gefunden hat, kann
die Lösung finden #
XXXX.XXXX.XXXX.XXXX.

ISBN 3-88793-280-3

Grafik Buchumschlag: Copyright Sebastian Kaulitzki,
mit freundlicher Genehmigung.

© IDEA Verlag GmbH, Puchheim/Eichenau
Edition Pega

Wach auf, `Neo`...

... Realitäten erschaffen Fiktionen ...
... Fiktionen erschaffen Realitäten ...

... Finde Deinen Glauben ...

Inhaltsverzeichnis

Schlüssel:

Vorwort

Möglicherweise wird sich von heute an Ihr Leben von Grund auf verändern. Wenn Sie dieses kleine Büchlein in der Hand halten, hat Sie Ihre Matrix dazu veranlasst, darauf aufmerksam zu werden und es zu finden.

Dieses Buch wird Ihnen den Schlüssel zu Ihrem Leben geben. Es befasst sich weniger mit den Theorien über die Matrix, sondern soll ein praktisch kurzes Handbuch sein, wie Sie diese erkennen, finden und anwenden können.

Haben Sie als Kind auch des Öfteren das Spiel `Schnitzeljagd` gespielt, bei welchem Sie verschiedenen versteckten Hinweisen folgen mussten, um am Ende dorthin zu gelangen, wo *das* zu finden war, was Sie finden *sollten*? Was ist die Hintergrundgeschichte hinter der `Matrix-Trilogie` oder Filmen wie `The 13th Floor`? Kommen Sie nicht auf die Idee, diese 1:1 zu übernehmen. Doch hinter diesen Filmen ist ein Geheimnis verborgen, das Sie entweder entdecken oder nie finden, weil Sie es nicht suchen. Was ist die Matrix? Es ist das Geflecht, in dem Sie leben, der Sinn des Lebens ist dahinter verborgen. Dieses Buch wird Ihnen die praktische Anleitung geben, diese zu erkennen und im Anschluss gezielt all das zu erreichen und zu finden, was Ihnen bislang verborgen und unmöglich schien...

`Der Glaube versetzt Berge` ist einer der Leitsprüche in der Bibel, um nur ein Werk einer auf diesem Planeten vertretenen Glaubensgemeinschaft zu erwähnen. Wäre dies nicht so, würde es den so genannten `Placebo-Effekt` nicht geben. Er würde nicht funktionieren. Der Glaube ist letztlich auch der erste Schlüssel, um die Matrix zu entdecken, wenn Sie das Grundwissen über sie erfahren haben. Fehlt der notwendige Glaube, wird diese erste Tür für immer für Sie verschlossen bleiben. So wie der `Placebo-Effekt` nur dem hilft, welcher glaubt, hinter einem `wirkungslosen` Placebo stecke jene Substanz, welche seine Krankheit heilen wird.

Die Theorie über eine vorhandene Matrix ist lange Zeit vor den diese thematisch behandelnden Spielfilmen entstanden. Doch ins Bewusstsein der Menschheit kam sie erst durch den gleichnamigen Film. Zuvor war die Matrix auch indirekt unter anderen Namen *teilweise* erforscht worden, wie zum Beispiel den `Morphogenetischen Feldern`, welche besagen, dass alle Lebewesen durch eine Art *Vernetzung* miteinander verbunden sind. Bekannt gemacht durch die Arbeiten von Rupert Sheldrake und die darin benannten Beispiele, wie die der `Affen und der Salzkartoffel`.

Vernetzung ist ein gutes Stichwort. Denn bildlich sollten Sie sich die Matrix vorstellen wie ein imaginäres Netzgitter, dass alles miteinander verbindet. Irgendwo auf diesem Netzgitter befinden Sie sich derzeit und lesen dieses Buch. Für diese Raum-Zeit-Konstellation gibt es sogar eine mathematische Zahl, Zuordnung in Form einer Standortbestimmung im Raum-Zeit-Geflecht. Diese ändert sich ständig, jede *Millisekunde*, jedes Mal, wenn Sie die Entscheidung treffen: `Gehe ich nach *links* oder *rechts*...? `.

Sie ist verbunden mit der Chaos-Forschung und der namensgebenden `Chaos-Theorie`, welche eigentlich *kein* Chaos darstellt, sondern eine Ordnung in für uns nur unüberschaubarem Rahmen. Der Wissenschaftler Benoit Mandelbrot hat das augenscheinliche Chaos in mathematischer Berechnung auf einem Computer bildlich gemacht und als einer der ersten festgestellt, dass sich hinter dem Chaos eine Ordnung verbirgt. So formierte sich das angebliche Chaos stets in übergeordneter Dimension zum so genannten `Mandelbrot-Fraktal`. Der erste Beweis für eine Ordnung hinter dem Chaos ...

Zeit existiert nicht. Sie wird nur von uns als solche wahrgenommen, weil wir begonnen haben, eine Gerade zu ziehen von der Vergangenheit über die Gegenwart in die Zukunft. Sie ist nur ein Teilaspekt einer Realität, die besagt, dass alles gleichzeitig existiert. Aus diesem Grund gibt es Dinge wie Präkognition, Wahrsagen und das Prophezeien der Zukunft. Auch wenn die Wahrheit *darin* zu finden ist, dass es nicht eine Zukunft gibt, sondern *viele*. Je nachdem, ob Sie nach rechts oder links laufen, bewegen Sie sich auf der Matrix zu einer neuen Koordinate. Und so sind Prophezeiungen über die Zukunft auch nie festgeschriebene Gesetze, sondern *Wahrscheinlichkeiten*, welche eintreffen werden, wenn Sie ihre Hauptkoordinaten nicht ändern und den eingeschlagenen Weg nicht verlassen.

Dies gilt sowohl für den privaten Weg, kann aber auch Dinge betreffen, welche ein ganzes Volk oder Land angehen. Diese Informationen können auf demselben Wege auf Sie treffen, wie bei dem von Rupert Sheldrake angegeben Beispiel der `Affen und der Salzkartoffel`. Dabei beschrieb er das Phänomen, dass kurz nachdem einige Affen auf einer abgelegen Insel feststellten, dass Kartoffeln besser schmecken, wenn man sie zuvor in salziges Meerwasser taucht, auch Affen auf anderen Inseln damit begannen, ihre Kartoffeln ins Meerwasser zu halten – eine Art *unsichtbares Übertragungssystem*. Das morphogenetische Feld. Welches nichts anderes ist als die Beschreibung eines *Teilaspektes* der Matrix.

Erfolgreiche Menschen folgen in der Regel unbewusst ihrer Matrix, indem sie an das Erreichen ihrer Ziele *glauben* und Schritt für Schritt den dazu notwendigen Weg gehen. Schritt für Schritt... Erinnern Sie sich? Es ist ähnlich wie bei der Schnitzeljagd... Man findet irgendwo einen neuen Hinweis, welcher einem seinem Ziel näher bringt.

Morphogenetische Felder sind die Beschreibung der *Vernetzung* der Dinge. Die `Matrix` ist sozusagen der Spielplatz, den wir `Leben` nennen. Es gibt einen Schlüssel, um die Realität und das Vorhandensein der Matrix zu erkennen. Diesen will ich Ihnen übergeben. Doch nur wenn Sie ihn annehmen, wird er Ihnen die Türen öffnen. Ist die jeweilige Tür und damit Ihr Glaube einmal geöffnet, dann werden Sie nie wieder so durch diese Welt gehen, wie Sie es zuvor getan haben. Sie werden auf Dinge achten, welche Ihnen bis dahin belanglos und unwichtig schienen. Und verstehen, wie wichtig sie sind, um *Ihr* persönliches Ziel zu erreichen! Dann werden Sie auch verstehen, warum manche Menschen niemals das zu bekommen scheinen, was sie `wollen`, und anderen die `unmöglichsten` Dinge gelingen.

Vergessen Sie das Bild der Welt, das Sie bislang hatten. Es ist nur ein Teilaspekt *der* Realität, welche uns *umgibt*. Jener, welchen wir im Wachbewusstsein so deutlich wahrnehmen können und deshalb mit dem Wort `real` abstempeln. Ich möchte Ihnen nun eine Erkenntnis vermitteln, die Sie mit Sicherheit zum jetzigen Zeitpunkt sehr provokativ empfinden werden. Doch darum geht es letztendlich: um das Erkennen...

Wie habe *ich* die Realität der Matrix erfahren und erkannt? Ich stand eines Morgens vor meinem Spiegel in meiner Wohnung und habe mich angezogen. Im Hintergrund spielte Musik. Ich habe eine CD gehört, bei welcher ein Lied den Titel `Torch` (Taschenlampe/Leuchte) besaß und danach von einem Lied mit dem Titel `Colours` (Farben) abgelöst wurde.

Plötzlich hatte ich eine *Erinnerung* in mir, die ich nicht zuordnen konnte. Und ich sah mich in einer Umgebung, an welche ich mich nur wage entsinnen konnte. Zuerst dachte ich, mich an einen Traum zu erinnern, denn mir wurde schnell klar, dass diese Erinnerungen nicht in meinem jetzigen als `Realität` wahrgenommenen Leben geschehen sind.

Dies war vor wenigen Tagen im Jahr 2004. Und von einer Sekunde auf die andere wusste ich, dass ich die *Pflicht* habe, Ihnen *dieses* weiterzugeben, was Sie in dem vorliegenden kleinen Buch finden und mich innerhalb kürzester Zeit `erwachen` ließ! Und so habe ich manchmal das Gefühl, nur der *Co*-Autor meiner Zeilen zu sein. Lassen wir es als `Behauptung` stehen in diesem Moment. Als nichts mehr als ein subjektives Gefühl, um Dinge zu erklären.

Ich versuchte mich an diesen `Traum` zu erinnern. Und es tauchten immer mehr Fragmente aus dem Unterbewusstsein auf. Sie tauchten auf und verschwanden wieder. Doch jedes Mal, bevor diese verschwanden, stellte meine Erinnerung eine *Verbindung* der *letzten* Szene des im Geiste gesehen Ablaufes zu einem *neuen* `Filmabschnitt` her, welcher weitere Sequenzen zeigte. Nach einiger Zeit wurde mir bewusst, dass dies *keine* Erinnerungen an einen Traum waren.

Immer mehr Bruchstücke kamen in mir hoch, Lösungen zu Problemen, die ich in meinem jetzigen Leben noch nicht bewältigt hatte. Sobald ich dachte `Mein Gott, das ist es!`, verschwanden sie wieder und wurden von der nächsten Sequenz abgelöst. Jede einzelne Sequenz wurde von mir als Erinnerung wahrgenommen. Es war also immer mit der Erkenntnis verbunden, dass das, was ich sah, schon einmal von mir durchlebt wurde... *Wo auch immer*. Das ich tatsächlich an jenem anderen Ort *war*. Aber ich wusste auch – nicht in `diesem Leben`! Oder besser gesagt, nicht in jenem Lebensbereich, den Sie als `Realität` abtun – jener Bereich, in welchem Sie heute dieses Buch halten.

Ich nahm diese Filmabläufe wahr, so wie Sie es nun vor sich sehen, wenn Sie sich an die Zeit mit einem ehemaligen Lebenspartner erinnern. Sie sehen diesen vor sich in einer bestimmten Situation, welche Sie damals durchlebt haben. Durch diese Bilder in Ihrem Kopf stellt Ihr Geist eine Verbindung her zu einem anderen Erinnerungsabschnitt mit *dem selben Lebenspartner* oder zu einem anderen in der Erinnerung haftenden Teilabschnitt Ihrer Vergangenheit. Das kann ein Bauwerk sein, ein Auto, ein Streit oder auch eine alte Frau, welche Ihnen aufgefallen ist.

Sobald Sie diese neue Erinnerung durchgegangen sind, stellt Ihr Geist, wenn Sie es zulassen, eine *weitere* Verbindung her zu einer nun durch die letzte Erinnerung ins Gedächtnis gerufenen, verschollenen Sequenz. Ebenfalls vielleicht wieder ein Mensch, ein Tier, eine Umgebung, ein Vorfall. Genau dies ist bei mir an jenem Tag geschehen. Nur hat mein Geist Verbindungen hergestellt, an die ich mich zwar erinnern konnte, als ich sie sah, von denen ich aber wusste, ich habe sie nicht erlebt in *der* Realität, welche diese Zeilen schrieb. Und er stellte *immer weitere Verbindungen her* zu *weiteren* Erlebnissen, welche ich zwar kannte und auch in den Minuten des Erlebens in Zusammenhang bringen konnte, aber von denen ich genauso wusste, sie waren allesamt nicht Teil *des* Lebens, welches ich gerade führe, obwohl teilweise die gleichen Personen vorkamen.
Dies geschah etwa 10 Minuten lang. Ich versuchte zwanghaft immer wieder eine neue Erinnerung aus dieser hervorbrechenden Ebene zu bekommen, welche mir immer mehr von `diesem Leben` zeigte. Doch die Erinnerungen waren *so*

verschüttet, dass ich sie, sobald ich den Zusammenhang erkannte und wahrgenommen hatte, wieder verschwanden, ohne dass es mir möglich war, neu auf sie zurückzugreifen zu können. Sie waren wieder *dorthin verschwunden*, wo sie hergekommen waren. In mein tiefstes Unterbewusstsein...

Was blieb, war das Erwachen, 10 Minuten Erinnerungen und Verbindungen zu verschollenen Ereignissen bekommen zu haben, welche ich nicht einordnen konnte, weil sie oft Lösungen aufzeigten für Dinge, die mir heute noch Kopfzerbrechen bereiten – um dann sofort wieder zu verschwinden. Und die Erkenntnis, dass dies eindeutig ***Erinnerungen*** waren und keine Prophezeiungen oder anderes.

Beim Attentat auf das WTC am 11.09.2001 bekam der Ausdruck `Schläfer` einen traurigen Bekanntheitsgrad für Terroristen, welche irgendwann erwachen und ihre Tat begehen, obwohl zuvor offensichtlich nichts darauf hingedeutet hat. Unsere Geheimdienste haben schon vor Jahrzehnten damit begonnen, in Projekten wie `MK Ultra` die Psyche des Menschen durch Halluzinogene zu beeinflussen und `so genannte Schläfer` zu programmieren, welche auf *Schlüsselwörter* reagieren, die ihnen zuvor unterbewusst initiiert wurden, um sie für eine `Tat`, ein `Handeln`, ein `Vorgehen` zu wecken.

Ähnliches wird auch bei der Hypnose angewandt, um Menschen wieder aus dieser ins Wachbewusstsein zurückzuholen. Diese Schlüsselwörter sind für Dritte *banal* und *belanglos*. Sie haben für keinen eine wichtige Bedeutung außer für den Betreffenden. Bei ihm lösen sie Erinnerung aus, welche ihn an seine Aufgabe erinnern – und wenn es nur die `Aufgabe` ist, aus einer Hypnose zu erwachen. Bei Techniken, welche durch *MK Ultra* und andere Verstandeskontrollprojekte behandelt wurden, ging es unter anderem um Erinnerungen an grausame, schreckliche Vorgänge. Und sie sind in der Regel natürlich geheim und nur den so genannten `Programmierern` bekannt.

Oft sind es Alltagsworte, die im normalen Sprachgebrauch kaum oder nie in dieser Kombination vorkommen, damit der Schläfer nicht unbewusst erwacht, wenn es nicht vorgesehen ist. Dafür werden *zum Beispiel* Wortkombinationen verwendet, welche im Alltag keinen Sinn ergeben würden. Das heißt, zwei alltägliche Wörter werden *kombiniert*, welche man normalerweise *nicht* kombiniert, aber für den Betreffenden *sehr wohl* einen *Sinn* ergeben, da beide mit *seiner Vergangenheit* zu tun haben. Der Zeit seiner Programmierung. Ein Beispiel wären Wörter wie `Frauen-Dorf`, `Maschinen-Wahl`, `Buch-Geburt`, `Schatz-Damen`, `Attentat-Infektion`, `Schlaf-Sex`.

Niemand verwendet im normalen Alltagsleben *diese* Wortkombinationen. Ist aber ein Mensch mit einer solchen Wortkombination *programmiert*, dann reicht es, wenn ein augenscheinlich Unbekannter im Vorbeigehen diese Kombination zu einem Gesprächspartner sagt, damit der `Schläfer` dadurch *an Dinge erinnert wird*, welche er im Zusammenhang mit jenem komischen Wort verbindet.

In der Regel sind es entweder sehr schreckliche Begebenheiten, welche sein Wahrnehmungsvermögen um ein vielfaches gesteigert haben, zum Beispiel Vergewaltigungen, Misshandlungen, Missbrauch, Tötungs- und schwere Verletzungsdelikte, bei welchen er selbst *Zeuge* war, oder wenn aus dem Sachverhalt möglich, *Opfer*. Manchmal sind es auch sexuelle Erinnerungen.

Es können aber auch andere Wahrnehmungen die Rolle von Schlüsselwörtern übernehmen: `*Gerüche in Verbindung mit einer Handlung*`, `*Kleidung oder Schmuck in Verbindung mit Verhalten*`, `*Gesten in Verbindung mit einer bestimmten Musik*`, etc.

Wurde der Schläfer einmal bewusst `geweckt`, wird damit ein Ziel verfolgt. Dieses Ziel kann eine Aufgabe sein, ein Projekt, für welches er letztlich mit diesen Worten oder Kombinationen `programmiert` wurde. Wie bei einem Messer ist dies eine zweischneidige Sache. Die einen machen dies für ein unmoralisches, negatives Ziel, die anderen für eine Aufgabe mit moralischen Werten, oder auch nur als Mittel zum Zweck, wie beim genannten Erwachen aus Trance- und Hypnosesitzungen. In Geheimdienstkreisen sind Programmierungen selten positiver Natur. Eventuell wird dem Probanden *unmissverständlich* klar gemacht, dass, falls er nun eine bestimmte Tat *nicht* ausführt, ihm das gleiche droht wie zum Beispiel einem Opfer, dem vor seinen Augen die Hände abgeschnitten wurden, als `dieses bestimmte Lied` in Verbindung mit einer bestimmten Geste ausgeführt wurden, was seine Wahrnehmung um ein Vielfaches gesteigert hat. Und welches er *genauso aus seiner Erinnerung verdrängt hat* in einen unterbewussten Teilabschnitt seines Geistes, wie es auch missbrauchte Kinder machen, um wieder ein normales Leben führen zu können. Dies waren Beispiele für `unbewusste` oder nur `teilbewutsste` Schläfer.

Warum habe ich diese Beispiele mit den Schlüsselwörtern erzählt? Diese Schlüsselwörter sind letztlich nichts anderes als *Erinnerungen*. Genauso wie Düfte, Geräusche, Musik, ein bestimmtes Aussehen, Worte. All das kann in uns Erinnerungen an Ereignisse, Personen, Erlebtes auslösen.

Worauf will ich hinaus? Es war vielleicht kein Zufall, dass ich damals vor dem Spiegel diese heraufkommenden Erinnerungen hatte. Etwas hat es in mir ausgelöst? Ein Lied, Wörter in dem Lied, vielleicht auch eine bestimmte

Kombination, zum Beispiel ein *Lied* und der *Blick in einen Spiegel...*? Und mich zum Schreiben dieses Büchleins bewegt.

Ein Nebeneffekt ist die so genannte `Psychologische Kriegsführung` – so hatte der ehemalige amerikanische Präsident George Bush bei einer seiner letzten Reden mindestens 23 mal den Wortlaut `Kampf gegen den internationalen Terrorismus` verwendet, manchmal leicht *variiert*, wie *nur* der Wortlaut `Kampf gegen den Terror`. Auch wenn er sonst nicht viel gesagt hat zu bestimmten Vorwürfen. Aber was in den Köpfen der Zuhörer *hintergründig* dadurch hängen bleibt, ist das, was `hängen bleiben soll`, nämliche *die Aufhebung von Menschenrechten* und *Angriffskriege* verbal zu legalisieren. **Merken Sie etwas?** Wir haben vorher von so genannten Schlüsselwörtern gesprochen. Und nun sind *Sie selbst* Opfer dieser Strategie geworden. Was **verbinden** Sie denn in Gedanken bildlich mit dem Satz `Kampf gegen den Terrorismus`? Die *schrecklichen Anschläge auf das World Trade Center am 11.09.2001*. George Bush stellte durch diesen Satz eine unterbewusste Verbindung zu den Bildern vom 11. September in Ihrem Kopf her und begründete, nachdem diese Bilder in Ihnen aufgestiegen waren, seine umstrittenen Vorgehen damit. **Ein gutes Beispiel, wie Schlüsselwörter eingesetzt und benützt werden können.**

Wer all dies nicht glaubt, dem möchte ich zum Abschluss dieses Vorwortes in Erinnerung rufen, nach welchen Prinzipien das in den Geheimdiensten angewendete *Technical Remote Viewing* funktioniert. Es wird ein *Zugang* zur Matrix, von einigen *morphogenetische Felder* genannt, geöffnet, welcher eine *Verbindung* in jene Vernetzung erstellt, die alles verknüpft. Der Remote Viewer beginnt damit, die *Eindrücke* zu einem bestimmten Thema aus seinem Unterbewusstsein herauszuholen, wie *Farben, Töne, Geräusche, Bilder*, und sie auf einem Blatt zu notieren. Am Ende nimmt er diese Ergebnisse *und fügt sie zusammen*, um *dann* zu beschreiben, was sich zum Beispiel in einem verschlossenen Umschlag befindet.

Alle Remote Viewer gaben an, dass bei der Ermittlung ihrer `Targets` (Ziele) sich das Unterbewusstsein immer auf die `wichtigsten` oder *auffallendsten* Aspekte konzentriert. So kommt es bei der Angabe von Koordinaten von Längen- und Breitengraden (zum Beispiel durch einen Geheimagenten – oder wer auch immer dort etwas vermutet) dazu, dass der Remote Viewer zum Beispiel einen Turm beschreibt, welcher dort steht, weil er der auffallendste Aspekt ist, oder eine unterirdische Anlage.

In dem Falle der Remote Viewer ist zum Beispiel manchmal eine simple Zahlenkombination auf einem Umschlag der `Schlüssel` für das Unterbewusstsein, *das Ziel zu finden*. Um sich dem Ziel zu `nähern`, nimmt das

Unterbewusstsein so genannte `*Schlüssel*informationen` der Koordinaten auf, wie *Farben, Eindrücke* oder eben *Gerüche* und *Geräusche.* Und dies alles, *ohne jemals körperlich dort gewesen zu sein.* Aber ist es deshalb *nicht* `real`? *Was* hat dem Unterbewusstsein *diese* Informationen gegeben, wenn doch ein Teil von ihm *dies* wahrnehmen konnte – *und bei der Überprüfung herauskam, dass die Angaben **zutreffend** waren ...?*

Willkommen in der Matrix! Willkommen in der Realität. Und nun beginnen Sie damit, *aufzuwachen* und *das* wahrzunehmen, was um Sie geschieht ...

Im 1. Kapitel werde ich Ihnen einen kurzen Überblick über die *Theorie* geben. Doch damit dann genug. Dann werde ich Sie in die *Praxis* führen. *Und ihr Leben wird sich verändern.* **Für immer.** Falls Sie daran glauben... `Das Placebo sind *SIE*` ...

1. Kapitel: Theoretisches Wissen

Willkommen im `1.Semester`. Vor der Praxis liegt die graue Theorie. Deshalb in diesem Fall nun erst einige Erklärungen zu verschiedenen Aspekten die Matrix betreffend, welche Sie später überprüfen können.

Psychotronik: Hinter dem Begriff `Psychotronik` versteht man auch die Bezeichnung *Biokommunikation*.

Man unterteilt diese in die *Bioinformatik* (außersinnliche Wahrnehmung, ASW) und *Bioenergetik* (unter anderem Psychokinese).

Die *Bioinformatik* umfasst das Einholen oder den Austausch von Informationen ohne Inanspruchnahme der normalen Sinnesorgane (zum Beispiel Augen, Ohren), also auf so genanntem `außersinnlichem` Wege. Man unterscheidet im Wesentlichen unter folgenden Erscheinungsformen: Hypnose, Telepathie, Hellsehen, Präkognition, außerkörperliche Erfahrungen, dermoptische Wahrnehmung (`Sehen` mit Händen und anderen Körperteilen), Inspiration.

Die *Bioenergetik* beschreibt Phänomene im Zusammenhang mit dem Erzeugen objektiv wahrnehmbarer Effekte ohne Inanspruchnahme normaler physikalischer Kräfte oder Energien. Dazu gehören: Psychokinese (das physische Bewegen entfernter Objekte), Biegephänomene (Geller-Effekt), antigravitative Phänomene, Energieumwandlungen, elektromagnetische Einwirkungen, das Einwirken auf chemische und biologische Prozesse, die Psychometrie und die Radiästhesie (BPE).

Wellen- und Strahlungsarten und ihre Frequenzen: *Ultraviolettspektrum* (UV, Biophotonen): 10^{15} - 10^{16} Hertz; *Infrarotspektrum* (IR): 10^{11} - 10^{14} Hertz; *Mikrowellen* (Radar, Satellitenfunk): 10^9 - 10^{11} Hertz; Rundfunkfrequenzen (*Mittelwellen*): 1,1 - 1,3 Megahertz; Rundfunkfrequenzen (*Langwellen*): 150 - 160 Kilohertz sowie 38 – 40 Kilohertz; *VLF* (sehr niedrige Frequenzen): 10 - 30 Kilohertz; *ELF / Niedrigfrequenzstrahlung* (insbesondere die Frequenzen 6,26; 6,27; 7,83 und 9 Hertz): 1 - 100 Hertz;

Immer wieder hören wir Geschichten von Menschen, die behaupten, dass auf sie *eingewirkt* wurde. Von den in ihren psychischen und physischen Auswirkungen gefährlichen elektromagnetischen Wellen könnte sich die gepulste

Mikrowellenstrahlung (300 MHz bis 300 GHz) zur Manipulation von Menschen als *besonders* wirksam erweisen. Aber auch extrem niedrige Frequenzen – die *VLF*- und *ELF*- Bereiche – eignen sich aufgrund ihrer psychoaktiven Wirkung zur Beeinflussung des menschlichen Bewusstseins.

Zum *Technical Remote Viewing*: Die Existenz von *Fernwahrnehmung* (FW) ist während der letzten Jahrzehnte von Regierungs- und privaten wissenschaftlichen Organisationen anerkannt worden. FW-Medien sind in der Lage, Objekte und Ereignisse in räumlicher und zeitlicher Ferne zu lokalisieren und zu bestimmen.

Hier einige nähere Informationen zu jenem Projekt, dass die CIA 1972 am *Stanford Research Institute* (SRI) in Menlo Park, Kalifornien, ins Leben rief: Jedes mögliche Target (Ziel) erhält eine nach dem Zufallsprinzip ermittelte Nummerierung. Sie wird *durch den Remote Viewer* mit der spezifischen Aufgabe *in Verbindung gebracht*. Ausgesuchte FW-Medien werden über die gestellte Aufgabe unterrichtet und erhalten, soweit verfügbar, *allgemeine* Informationen (z.B. Koordinaten, Datum / Uhrzeit, eine Flugnummer oder Absturzstelle). Normalerweise dauert eine FW-Sitzung etwa 45 Minuten.

Ein anderes Medium, welchem die Daten ebenfalls zugänglich gemacht werden, könnte unter Umständen weitere Details liefern. Nachdem alle Remote Viewer eine bestimmte Anzahl von Sitzungen durchgeführt haben, werden die ermittelten Daten auf ihren Gehalt hin analysiert, Schlüsselinformationen identifiziert und für den Auftraggeber Zwischenreports erstellt.

Dort greift das Medium auf unterbewusste ASW-Einflüsse zurück und *beschreibt* sie. Zum Beispiel: `trocken, felsig, Eindrücke von Gebäudekomplexen, rot, gelb, schwarz, Eindrücke von Fahnen, es riecht verbrannt` und so weiter...

Dann würde der Fragesteller den Remote Viewer in eine bestimmte Richtung dirigieren, wie zum Beispiel: `Sieh dir die Gebäude an. Wie sind sie angeordnet. Was kannst du erkennen?` Der Remote Viewer richtet seine Aufmerksamkeit auf diese Details und findet wieder *neue* Zuordnungen, wie zum Beispiel: `Hoch, Eindruck von Aufzügen, 3 Nebengebäude`. Der Fragesteller würde ihn dann zum Beispiel bitten, in den Aufzug zu steigen und nach oben oder unten zu fahren. *Und so weiter.*

Werden die Angaben unabhängig von mehreren Medien *bestätigt* und *ergänzt*, gelten die Informationen als relativ sicher. Ist dies ein Test, so könnte der Leiter nun einen verschlossenen Umschlag öffnen und ein Bild aus diesem hervor holen, um zu schauen, ob der Remote Viewer ins Schwarze getroffen hat. Tut der RV dies mit beständiger Regelmäßigkeit, werden ihm zum Beispiel Spionageziele als

Koordinaten gegeben, wenn dort Aktivitäten vermutet werden, um mehr über diese zu erfahren.

Der amerikanische Geheimdienst *CIA* hatte über lange Jahre Einheiten, welche auf diesem Gebiet arbeiteten und erstaunliche Erfolge erzielten, und deren damals als `Streng geheim` klassifizierten Dokumente vor wenigen Jahren freigegeben wurden. Der offizielle Deckname dieser Forschung war unter anderem `Operation Stargate`.

All die aufgeführten Grundlagen sind Möglichkeiten, um auf die Matrix aufmerksam zu werden.

Die Realität, in der wir uns bewegen, ist eine *Hyperwelt*, eine multidimensionale Realität. Morphogenetische Felder (nach Rupert Sheldrake) zeigen die hintergründige Verbundenheit aller Dinge auf. *Remote Viewing* ist *eine* Technik, um auf diese Informationsebene *zugreifen zu können*. Andere Zugänge sind Wahrträume, Intuition, Hellsehen, Telepathie, um nur ein paar Beispiele zu benennen.

Wellen, Strahlungsarten und ihre Frequenzen sind die so genannten *Autobahnen*, mit denen wir nachweislich Informationen aus dem augenscheinlichen `Nichts` übertragen und abrufen können. Wenn wir einen Sender und Empfänger haben. Ihr Rundfunkgerät besitzt so einen *Empfänger*, ebenso wie Ihr Fernseher oder Telefon. Sonst würden diese nicht funktionieren. Ebenso wie Ihr Navigationssytem im Auto.

Rundfunk- und Fernsehstationen haben einen so genannten *Sender*. Bei Ihrem Telefon ist offensichtlich, dass es *nicht nur* Empfänger, sondern *zugleich* auch Sender ist. Dies gilt ebenso zum Beispiel auch für Ihr Navigationssystem. Ganz spezielle Navigationssysteme, welche beispielsweise Spediteure in ihre LKWs einbauen, senden ihr errechnetes Signal auch zurück, so dass man in der Firma (oder sonst wo…) auf Bildschirmen die gegenwärtigen Positionen sämtlicher firmeneigener Fahrzeuge lokalisieren kann. Und möglicherweise ist dies nur eine Teilwahrheit...

Würden wir die Hintergründe nicht kennen und ihre Technik, würde dies auf den unbedarften Beobachter mystisch und esoterisch wirken. So geht es in diesem Buch auch letztlich *darum*, den *Schleier des `Mystischen`* von den Dingen zu nehmen, um sie `technisch` zu erklären – und verständlich zu machen.

Ebenso ist es bei Ihrem Handy / I-Phone. Ihr Handy / I-Phone ist nichts anderes als ein `freiwilliger` Sender, den Sie mit sich herumtragen, welcher nicht nur ihre

Worte weitergibt, sondern auch Ihre *Positionierung* und den *Standort*. Genauer gesagt, *den Ihres Handys*... Nebenbei sendet Ihr Handy bereits jetzt *mehr* Informationen, wie Ihnen vielleicht recht ist. So können Sie auch *dann* technisch abgehört werden, wenn das Gerät `ausgeschaltet`, der Akku aber noch angeschlossen ist (erinnern Sie sich: *Sender und Empfänger* ...). Das Gerät sendet nicht nur Informationen über die eingelegte SIM und dessen *offiziellen* Eigentümer, sondern auch, *in wessen Handy* diese *eingelegt* ist. Denken Sie daran, wenn Sie die nächste Bank überfallen... Kleiner Scherz.

Nicht nur all diese Geräte senden – *Sie* tun dies auch. Auch ihre Gedanken, welche, wie Sie wissen, eindeutig *existieren* und von Ihnen *zu hören* sind, senden. Unser Gehirn ist zudem ein Verstärker. Halten Sie Ihren Autoschlüssel in einer Entfernung an Ihren Kopf, aus der Ihr PKW eigentlich nicht mehr über diesen in Ihrer Hand zu öffnen ist, da Sie sich zu weit weg befinden. Die Verriegelung wird sich bis hin zu einer bestimmten Entfernung, weit über die jene hinaus, wie es beim Öffnen durch den Schlüssel in Ihrer Hand möglich wäre, trotzdem öffnen. Und dies ist nur ein untergeordneter Nebeneffekt einer kaum zu glaubenden Wahrheit, die bewusst vor uns verschwiegen wird. Denken Sie daran, wenn Sie das nächste Mal den Spruch `Gedanken sind frei` bei Ihrem Gegenüber in den Sinn bekommen...

Sie sind ebenfalls eine `Welle`. *Verbale* und *visuelle*. Dazu gehören auch *Träume*. Vermutlich fragen Sie sich jetzt, warum es dann keine Technik gibt, diese abzurufen in einem technischen Gerät. Dies liegt zum *einen* daran, dass sie sehr niederfrequent sind. Mit *Ihrem* Radio oder Fernseher haben Sie keine Chance. Zum anderen liegt es daran, dass unser gesamtes Wirtschaftssystem *auseinander brechen würde*, wenn Sie mit einem Empfänger die Gedanken anderer Menschen abfangen könnten. Ich hoffe, Sie verstehen...

Ist unser System nicht aufgebaut auf Betrug und Ausbeutung? *Dies* wäre *nicht mehr möglich*. Denn Sie könnten theoretisch sofort erkennen, ob jemand auch das *meint*, was er sagt. Oder ob er lügt.

Es existiert schon längst eine *hochgeheime* Forschung auf dem Gebieten der Verstandeskontrolle und der Psychotronik bei Geheimdiensten, aber auch privaten Forschungseinrichtungen. Dabei geht es unter anderem auch um das *Eindringen in Ihren Verstand*, unter anderem durch die bereits genannten *extrem niedrigfrequenten VLF-* und *ELF-*Wellen. Aber auch um die genannten gepulsten Mikrowellenstrahlungen im Bereich von 300 MHz bis 300 GHz.

Dies geht von nervtötenden Brummgeräuschen bis hin zur Erzeugung von Krankheitsbildern, bei welchen Sie die niederen Frequenzen zwar allzu oft nicht hören, sich aber in Ihrer Laune bemerkbar machen können. Der so genannte `Elektrosmog` ist eine *sehr abgeschwächte*, ungewünschte Form dieser Beeinflussung, welche manche Menschen spüren. Vielleicht haben auch Sie einmal Kopfweh bekommen, wenn Sie zu lange mit Ihrem Handy telefoniert haben.

Sie sind aber nicht nur *Sender*, sondern auch *Empfänger*. Wie ihr Handy. Zum Beispiel *empfangen* Sie Ihre Gedanken, Ihre Träume... Ebenso können *Intuition* und *Wahrträume* eine Form sein, welche aufzeigt, dass Sie *nicht nur senden*, sondern auch *empfangen* können. Ebenso durch Techniken wie das bereits aufgeführte *Remote Viewing* natürlich, welches von Geheimdiensten genützt wurde, und das *Hellsehen*.

Uri Geller ist einer jener Menschen, welcher Ihnen sagen kann, was Sie in Ihrer Hosentasche haben. Er und andere sind ein Beispiel *dafür*, welche Realität dahinter steckt. Auch wenn diese Realität aus benannten Gründen von gewissen Kreisen gerne lächerlich gemacht, abgetan, verspottet oder unter den Tisch gekehrt wird.

Vermutlich fragen Sie sich nun, warum *Sie* dies nicht können. Und ich sage Ihnen, *jeder* Mensch hat die Anlagen für diese Techniken. Doch die meisten Menschen *glauben* nicht daran... Gehen wir zurück zum *Placebo-Effekt*: Es hilft nur *jenen*, welche in dem `Glauben` sind, dass es sich um ihre Medizin handelt. Wird ihnen *bewusst*, dass dem *nicht so ist*, verschwindet der Effekt in der Regel **sofort**.

Also muss ihr Glaube doch etwas *auslösen* können... So wie es in der Bibel steht...

Der Glaube ist der *Schlüssel*! Es ist kein Zufall, wenn Sie in kritischen Wissenschaftssendungen stets auf Menschen treffen, welche keinen Zugang zu solchen Dingen besitzen. Denn hätten sie es, würden sie nicht daran zweifeln... (bewusste Wahrheitsverdrehungen und Manipulation einmal ausgeschlossen). Und solange sie zweifeln, bleibt diese Tür *verschlossen*... So wie beim Placebo-Effekt.

Viele der in diesem Buch aufgezeigten Beispiele und offen gelegten Geheimnisse sind schon seit vielen Jahren und Jahrzehnten so oder so ähnlich beschrieben in internen Schriften von verschiedenen Geheim- und Freimaurerlogen, beinhalten Wahrheiten aus geheimen Regierungsprogrammen und werden oftmals bewusst vor Ihnen geheim gehalten, um das alte System und Machtgefüge aufrecht zu erhalten.

Kommen wir deshalb zu Beginn zu einem auf den ersten Blick fraglich wirkenden Beispiel. Ich wähle es aber *bewusst*, weil es von *allen* nachvollziehbar und *überprüfbar* sein wird, auch von jenen, die bisher nicht mit diesen Fähigkeiten gesegnet zu sein scheinen:

Wenn Sie jemand *anschreit*, dann hören Sie diesen doch besser, als wenn Ihnen jemand sehr, sehr leise ins Ohr säuselt, oder? Wenn Ihnen jemand leise ins Ohr säuselt, dann müssen Sie sich *mehr* konzentrieren, diesen zu verstehen, wie wenn jemand laut und deutlich spricht. Soweit stimmen Sie mit mir hoffentlich überein. Wenn Ihnen nun jemand ins Ohr säuselt, dann werden Sie sich unbewusst als erstes darauf konzentrieren, *welche Sprache* der Verursacher verwendet, damit Sie die leisen Töne verstehen. Ist es Ihre *Landessprache*, dann stellen Sie Ihr Gehirn entsprechend darauf ein, um es zu verstehen.

Sie *wissen*, es ist Ihre Landessprache, und deshalb fällt es Ihnen im Anschluss relativ leicht, etwas herauszuhören. Denn Sie *glauben* daran, dass es Ihre Landessprache ist!

Machen Sie nun einen Test. Hören Sie jemanden zu, der Ihre Landessprache spricht, aber sagen Sie Ihrem Verstand, es ist *chinesisch*. Plötzlich werden Sie *feststellen*, wie *fremd* Ihnen manche Laute Ihres Gegenüber *erscheinen werden*, und Sie können *teilweise nicht mehr den Sinn verstehen*... Sobald Sie wieder Ihrem Verstand sagen: `Stell dich nicht so an, das ist kein Chinesisch, sondern Deine Landessprache`, Ihren Glauben darauf ausrichten, dass dies so *ist*, verstehen Sie wieder alles!

Warum dieses Beispiel? Hier geht es um die *Veränderung der Wahrnehmung*! Das bedeutet, ein und dieselbe Situation *anders* wahrzunehmen... Genau *das* ist auch notwendig, um hinter die Matrix zu schauen und mit ihr zu arbeiten!

2.Kapitel: Praktische Einführung in die Matrix

! WARNUNG !

Hinter allen Schlüsseln, welche ich Ihnen nun aufzeigen werde, befindet sich eine *zentrale Grundregel*, die im Hintergrund arbeitet. Diese Grundregel wird in vieler Munde `Karma` genannt: *Die Regel von Ursache und Wirkung.*

! WARNUNG !

Dies bedeutet, wenn ich jemanden etwas Schlechtes zufüge, wird es irgendwann auf mich zurück kommen. Wenn ich jemanden von Herzen Gutes tue, ebenso. Allerdings bedeutet diese kosmische Grundregel nicht, dass die Strafe immer unmittelbar auf den Fuß folgt. Oftmals kommt sie unverhofft in unser Leben, ohne dass wir die Ursache noch nachvollziehen können, da sie schon zu lange zurückliegt. Manche werden mit einer solchen Vorbelastung in unsere Welt geboren oder tragen ihre schlechten Taten mit in ihr nächstes Leben. Denn das kosmische Gedächtnis rechnet in *anderen* `Zeiträumen`.

! WARNUNG !

So erscheint es uns zum Beispiel oft als ungerecht, wenn jemandem aus heiterem Himmel Schlimmes widerfährt, beziehungsweise als `Gottes Strafe` (...), da wir die *Ursache* nicht kennen, welche wir vielleicht nicht miterlebt haben. Karma arbeitet *bewusst interaktiv* im Hintergrund, denn würden wir ein Gesetz besitzen, dass auf eine schlechte Tat *generell* `nach 20 Minuten die `Antwort` kommt`, dann wäre das zu leicht... Die Menschen sollen *aus sich heraus* lernen, nicht weil sie bestraft werden... Karma kann auch aufgelöst werden. *Doch die Gesetze hierfür liegen nicht in unserer Hand.* Und in der Regel geschieht es nur bei Menschen, die eine regelrechte *180°-Wendung* vollziehen, ohne dass sie jemand dazu zwingt.

! WARNUNG !

Wir haben auch nicht die Möglichkeit, negatives Karma unserer Mitmenschen aufzulösen. Wir können nur dafür bitten. Beziehungsweise beten. Doch ausschlaggebend ist immer die Lebensweise des `Belasteten`.

! WARNUNG !

Bedenken Sie dies bei allem, was Sie tun und lernen. Bedenken Sie es, wenn Sie vorhaben, die Schlüssel der Matrix zu missbrauchen, um anderen zu schaden.

! WARNUNG !

Und nun

entdecken Sie Ihre MATRIX

DIE DREI GRUNDSCHLÜSSEL

Der 1. Schlüssel:

Bezeichnenderweise haben wir für den ersten *Zugangs*-Schlüssel zur Wahrnehmung der Matrix *ein und das selbe Wort* für zwei *gegensätzliche* Zustände. Und das nicht nur im Deutschen, sondern in fast allen Sprachen und Kulturen...

Es geht um das Wort `glauben`. Zum einen bedeutet es `*von etwas überzeugt sein*` – zum anderen `etwas lediglich zu *vermuten*`, also `von etwas *nicht* überzeugt sein`! Letzteres ist jener Schlüssel, der die Wahrnehmung der Matrix *verschließt*. Ersteres der Schlüssel, welcher sie *öffnet*... Ein `Zufall`? Nein. Im Englischen ist es dasselbe mit dem Wort `believe`. Und in anderen Kulturen finden wir denselben `Zufall`...!

Stellen Sie sich vor, das Wort `umbringen` würde gleichzeitig auch `am Leben lassen` bedeuten. Dieses Beispiel *verdeutlicht* das Paradoxon. Und macht deutlich, dass es hier um eine bewusst eingeführte sprachliche Irritierung geht, die den Schlüssel zur Matrix für viele unbrauchbar macht! Ich gebe ein Beispiel: Nehmen wir den Satz `Ich glaube, du spinnst`. Er kann *sowohl* bedeuten, dass der Sprecher von etwas *überzeugt* ist (das man spinnt), oder aber auch, dass er dies lediglich *annimmt*.

Glauben ist nötig, um die Matrix anwenden zu können, und zwar **nicht** `glauben` im Sinne von `Ich nehme an...`, sondern der Schlüssel liegt darin, das Wort `glauben` mit `von etwas **überzeugt** sein` zu übersetzen. So war es in der Bibel gemeint, und so ist es auch bei *allem* gemeint, was in diesem Buch vorkommt in Bezug auf `**Glauben**`! Es geht also um eine Einstellungsveränderung. Nicht nur um ein Wort und wie man es deutet im Sprachlichen.

Das Wort `glauben` ist nur *ein* Wort, welches doppeldeutig ist in den verschiedensten Kulturen. Viele dieser Worte haben dazu geführt, dass man die heiligen Schriften der verschiedensten Kulturen falsch übersetzte und deren Sinn umgekehrt oder verschleiert wurde. Von *bewussten Manipulationen* an den Texten, bei welchen ich insbesondere das `Alte Testament` als Beispiel *hervorheben* will, in welchem Widersprüche erzeugt wurden mit dem *Sinn*, `dass viele Menschen ihren Glauben **verlieren sollen**, anstatt ihn *zu finden*`, will ich gar nicht sprechen.

Die Realität, dass der Glaube *tatsächlich* Berge versetzen kann, haben wir mit dem einfachen Beispiel des `Placebo-Effektes` bereits aufgeführt und damit bewiesen. *Also auch die Aussage in den Heiligen Schriften...*

Dies ist der **Erste Schlüssel**, mit welchem wir die Realität der Matrix erkennen können.

Haben Sie diese `Eingangstür` mit dem ersten Schlüssel geöffnet, dann befinden Sie sich im ersten Raum. Durch den Zugang zum ersten Raum haben Sie Zugang zum zweiten Schloss, für welches Sie den passenden Schlüssel finden müssen.

Der 1. Hinweis: Wer den Weg kennt, hat das Ziel ...

Der 2. Schlüssel:

Ihre **Intuition** entscheidet für Sie so oft darüber, wem Sie trauen können und wem nicht / wen Sie sympathisch finden und wann sich etwas Unschönes heranbraut. Lernen Sie deshalb, auf ihre Intuition zu hören. *Dies ist der Zweite Schlüssel!*

Dieser Zweite Schlüssel wird uns lehren, dann, wenn wir die Matrix *erkannt* und `gefunden` haben, in jener unsere Ziele zu finden, ohne vom Weg abzukommen. Auch wenn uns der vorgegebene Weg oft schmerzhafter erscheint als ein anderer, welcher uns auf dem ersten Blick in diesem frühen Stadium leichter fallen würde. Doch der *richtige* Weg ist selten der Leichtere.

Der 2. Hinweis: Es ist zu weit weg. Denn es ist zu nah.

Der 3. Schlüssel:

„*Hilf dir selbst,* **dann** *wird dir geholfen*" lesen wir im Neuen Testament. Das ist der **Dritte** Schlüssel! Doch dieser soll nur angewendet werden, wenn der *Zweite* Schlüssel verstanden ist: Nämlich *ohne* zu morden und *ohne* Gewalt ...

Aufklärung ist so eine Waffe, welche ohne Gewalt auskommt, egal ob in Form eines Buches, eines Filmes oder einer Unterhaltung. Und jene Schlüssel, welche ich Ihnen im Anschluss vermitteln will, wären es auch.

Der 3. Hinweis: OHNE

3. Kapitel: Das Ende der Geheimnisse

Es soll Menschen geben, die den Zeitpunkt der Veröffentlichung der Matrix-Trilogie nicht für einen Zufall halten. Wohl auch, weil die fortschreitende Computertechnologie die Menschen erstmals erahnen lässt, dass sich die Technik der Computerspiele immer mehr diesen Theorien annähert.

Einige Menschen mögen sich gewundert haben, als sie die Trilogie `Der Herr der Ringe` anschauten. Wurde der erste Teil `Die Gefährten` genannt, wobei hier der Zusammenschluss der kleinen Gruppe beschrieben wurde, welche sich auf den Weg machte, um der übermächtigen bösen Macht das Handwerk zu legen, nannte sich der zweite Teil `Die zwei Türme` (und dies nicht erst seit dem 11.09.2001 ...), welcher den Kampf gegen jene Macht beschrieb und mit dem `Einsturz` der Türme endete. Im dritten Teil ging es um die `Endschlacht`, bei welcher zum Ende das `Allsehende Auge` zerstört wurde, nicht zuletzt durch die Unterstützung der unverhofft auftauchenden `Adler`... Aus der Luft... Ging es bei der Trilogie `Der Herr der Ringe` hauptsächlich noch um den Kampf im `Äußeren`, so ist die Botschaft der *Matrix*-Trilogie eine andere.

Viele mögen die unzähligen Kampfszenen des *zweiten* und *dritten* Teiles in Erinnerung haben (wie *zufälliger*weise auch bei dem `Herrn der Ringe`), welche mit einer spektakulären Endschlacht um die Stadt `Zion` (...) endet. Allerdings vergessen die meisten, dass hier auch ein `*Innerer* Kampf` beschrieben und gezeigt wird. Also *nicht* auf der Ebene, welche Sie vielleicht heute noch als Ihre `Realität` betrachten. Es soll gläubige Menschen geben, die behaupten, dass sich auch die Erfüllung um die `Offenbarung an Johannes` über das Große Gericht nur zum Teil im `Außen` abspielen wird, ein Großteil der Schlacht und des Kampfes aber im `Innern` ausgetragen wird.

Ich behaupte nicht zwingend, dass die Autoren dieser Trilogien einer überirdischen Macht gefolgt sind, um ihre Geschichten zu schreiben, aber ich behaupte, sie haben ihre Ideen und Gedanken zu diesen Geschichten aus ihren *In*-tuitionen und *Ein*-gebungen bezogen. Da ich Sie an dieser Stelle nicht verwirren will, sage ich zu dem Thema hier noch nicht mehr. Aber möglicherweise haben Sie auch schon festgestellt, dass *Sie* bei der Beurteilung von fremden Menschen Ihre Intuition heranziehen, und im Nachhinein bemerkt, dass Sie *genau* richtig lagen. Und das signifikant oft...

Möglicherweise ist *das* der Grund, warum Sie Ihr Unterbewusstsein zu diesem Büchlein geführt hat, ohne dass Sie genau wussten, *warum*.

Der 4. Schlüssel:

Nun geht es darum, dass Sie ihre Wahrnehmung verändern. Das Sie beginnen, mit anderen Augen durch diese Welt zu gehen. Was wäre, wenn ich Ihnen sage, dass Ihre Umgebung voll mit Hinweisen ist. Hinweise, die Sie nicht wahrnehmen?

Sicherlich hatten Sie schon viele unerfüllte Träume in Ihrem Leben. Manchmal ist es der Wunsch auf Veränderung am Arbeitsplatz, der Wunsch, die große Liebe zu finden, oder aber auch nur der Wunsch auf einen freien Parkplatz vor Ihrem Haus.

Bei dem Wunsch auf Veränderung am Arbeitsplatz ist das etwas komplizierter. Hier bedarf es meistens mehrerer *Hinweise*, welchen man folgen muss, damit man erfolgreich an sein Ziel kommt. Doch egal, was auch immer Sie sich wünschen, *zu Beginn steht immer Ihre aufrichtige Bitte*, welche Sie an die Matrix weiterleiten.

Infolgedessen wird die Matrix Ihr Augenmerk auf *die* Kreuzungspunkte in Ihrer Umgebung und Ihrem Umfeld lenken, an welchen Sie `abbiegen` müssen, um Ihr Wunschziel zu erreichen. Stellen Sie sich dies vor wie das Navigationssystem in Ihrem Auto. Sie geben einen Zielort ein, und dieses sagt Ihnen, wann Sie links oder rechts abbiegen sollten. Fahren Sie trotzdem geradeaus, wird es Ihnen einen neuen Weg berechnen.

So ist es auch in dieser Matrix. Wichtig ist nur, dass Sie darauf *achten*. Das beste Navigationssystem bringt nichts, wenn Sie es ausschalten...

Haben Sie den ersten Schritt gemacht, dass heißt `Ihr Ziel eingegeben`, dann achten Sie auf die Hinweise in Ihrer Umgebung. Dies kann das Nummernschild eines vorausfahrenden Autos sein, der alte Mann am Wegesrand, welcher mit seinem Spazierstock in eine bestimmte Richtung deutet, oder ein Aufkleber auf einem Lastwagen. Ihre *Intuition* wird Sie darauf aufmerksam machen, so wie diese Sie darauf aufmerksam macht bei der Einschätzung von Menschen, die Sie nicht kennen und Sie zum ersten Mal sehen.

Es geht also nicht darum, `auf einen Engel zu warten`, der sich vor Ihnen manifestiert und Ihnen durch ein Wunder das gewünschte überreicht, sondern Ihre Intuition wird Sie auf *jene* Hinweise im Alltag aufmerksam machen, welche Sie zum Ziel bringen.

Hören Sie auf, dies als lächerlich zu empfinden. Denn die selbe Intuition erscheint Ihnen auch nicht als lächerlich, wenn Sie mit ihrer Hilfe Mitmenschen beurteilen.

Nicht der alte Mann, welcher mit dem Spazierstock nach rechts oder links zeigt, ist das `übernatürliche`, sondern jene Kraft, welche uns darauf aufmerksam machen kann, darauf zu achten... Würden Sie den alten Mann darauf ansprechen, er würde Ihnen wahrscheinlich `den Vogel zeigen` und sagen, er habe nur mit dem Stock in eine bestimmte Richtung gewiesen, um seiner Frau 100 Meter weiter zu verdeutlichen, wo er das Holz abgeladen hat. Und er hat Recht.

Dies ist der Vierte Schlüssel, welcher Sie in die wahre Welt um Sie einweist. Wenn Sie darauf achten und `das Navigationssystem` einschalten. Probieren Sie es aus.

Und vergessen Sie nicht: In den vierten Raum gelangen Sie nur, *wenn Sie die vorigen drei Räume aufgeschlossen haben*. Jeder Pianist muss üben, bevor er ein bestimmtes Lied spielen kann. Und Sie sind dabei keine Ausnahme.

(!)

Vorsicht: **Diese Möglichkeiten funktionieren nicht, wenn sie auf den freien Willen einer anderen Entität einwirken und diese außer Kraft setzen würden oder wollen!**

Bedeutet: Wenn Sie als *Bitt*-Ziel zum Beispiel anstelle eines neuen Autos verlangen, wieder mit einer Person zusammenzukommen, welche *das nicht will*, dann würden Sie damit *in deren Freien Willen eingreifen* und ihn überlagern.

Dies funktioniert nicht. Dies funktioniert indirekt nur, wenn diese Person *den selben Wunsch hat*. Und selbst dann müssten wir den Wunsch präzisieren, indem wir als Zielkoordinate nicht den Systemfehler `Ich will, dass diese Person mich wieder liebt` eingeben, sondern zum Beispiel den Wunsch in das morphische Feld: `Ich möchte ihr wieder begegnen`. Denn dies lässt den Ausgang offen und überlagert nicht den Freien Willen dieser Zielperson in den Bereichen, welche das kosmische Gesetz ihr als Freie Entität als Spielfeld zur Verfügung stellt.

Natürlich unterliegt jeder Wunsch auch Gesetzen, welche eine Realisierung mit den Kenntnissen des 4. Schlüssels schnell ermöglicht oder auch einige Zeit braucht. Bedeutet: Wenn Sie zum Beispiel *theoretisch* den Wunsch äußern würden, sich eine neue bestimmte CD kaufen zu wollen, und Sie haben das nötige Kleingeld dafür in der Tasche, dann würde die Matrix Ihnen die Intuition liefern: `Nimm Deine Geldbörse und kaufe sie`. Wenn Sie das Geld nicht haben, wird Ihnen die Matrix einen anderen Weg weisen über eine Zwischenstation. Bedeutet, sie würde zum Beispiel sagen: `Gehe zur nächsten Bank und hol Geld` und **danach** `Nimm Dein Geld und kaufe die CD`. Oder sie würde Ihnen zum

Beispiel sagen: `Bitte Deine Mutter um 20 Euro` und dann `Nimm das Geld und kaufe sie`.

Sie werden jetzt sagen: `Was ist *daran* paranormal?` Für Sie nichts. Denn diese Gedanken, welche Sie zum Ziel bringen, haben Sie tagtäglich in sich und arbeiten damit. Warum habe ich dieses Beispiel trotzdem gewählt? Es soll aufzeigen, dass der Kleinste Nenner der Geschichte für uns alltäglich ist. Sie nennen es `Ihre Gedanken`. Doch woher kommen sie? `Aus mir heraus`, werden Sie jetzt sagen. Womöglich ist dies aber nur eine Teilwahrheit.

Die Wahrheit ist, dass diese alltäglichen Situationen auf den *selben* Ursprung zurückzuführen sind. Gehen wir ins Detail. Sie hegen den Wunsch einer neuen CD. Als Sie dies denken, fahren Sie zum Beispiel durch eine Straße. Dabei fällt Ihnen eine Bank auf, oder sie kommt Ihnen in den Sinn. Und Sie denken: `Natürlich, ich muss nur zur Bank und dann die CD holen`. Oder, falls Sie kein Geld auf dem Konto haben, geht Ihr Verstand auf die Suche und findet in Gedanken Ihre Mutter. Denn diese könnte Ihnen das Geld geben oder leihen. Auch dieses Beispiel habe ich nicht zufällig gewählt. Denn nehmen wir nun an, Sie sagen nun: `Nein, ich will nicht zur Bank` oder `Nein, ich will meine Mutter nicht fragen`. Dann arbeiten Sie unbewusst gegen den Dritten Schlüssel, der besagt: `Hilf Dir selbst, **dann** wird Dir geholfen`. Nun können Sie zu sich (und damit zur Matrix) sagen: `Suche mir einen anderen Weg`, oder aber `Nein, ich lass es, das will ich nicht...`.

Entscheiden Sie sich für letzteres, dann haben Sie Ihr Ziel *willentlich **aufgegeben***. Und Sie werden es nicht erreichen. Denn der *Dritte Schlüssel* wurde nicht in die Tür gesteckt, um sie zu öffnen.

Angenommen, Sie sind Sozialhilfeempfänger und arbeitslos, hegen aber den Wunsch: `Ich will einen Porsche!`, dann wird die Matrix das Ziel, den Porsche, anvisieren und einen *imaginären Weg* zu dem Ziel suchen. In diesem Fall ist das Ziel in den meisten Fällen etwas *weiter* entfernt, da *mehr* Zwischenschritte ausgeführt werden müssen, um das Target zu erreichen. Die Matrix würde Ihnen also als erstes zum Beispiel vermitteln: `Such Dir einen Job`. Nun gibt es aber viele, die in oben genannter Situation sind und bereits hier sagen: `Neeein!`.

Damit geben Sie Ihr Target wieder auf. Denn Sie öffnen die Dritte Tür nicht, welche *vor* der vierten liegt. Pech. Ziel weg.

Nun würden vielleicht viele sagen: `Was bringt mir ein Job? Damit verdiene ich nicht genug für einen Porsche...`; Dabei zeigen Sie, dass die **erste** Türe nicht geöffnet würde, *die des `Glaubens`*. Anstelle an die Matrix *zu glauben* und zu sagen `Ok, das mache ich, und dann warte ich auf die **nächste** `Instruktion` der Matrix`, sagen Sie indirekt `Nein, glaube nicht, dass **das** etwas bringt` ...;

Hätten Sie den Job gesucht und bekommen, dann wäre eine *neue* Situation entstanden. Bei der Jobsuche hätte Ihnen die Matrix wieder geholfen. Indem sie Ihnen beim Durchblättern der Zeitung und der Stellenangebote *zum Beispiel* (bei einigen unterbewusst) durch ein ungutes Gefühl, eingibt: `Nein, da brauchst du es nicht versuchen, nimm die nächste Anzeige und stell Dich *dort* vor...`. Wichtig: Möglicherweise ist der Job, der Ihnen so `angeboten` wird, ein `Scheißjob`... Doch Ihr Target war ja in diesem Fall auch *nicht* `Ich will meinen *Traumjob*`; Ihr Target war der *Porsche*...

In diesem `Scheißjob` wird sich dann das nächste Türchen öffnen, welcher Sie Ihrem Ziel näher bringt. Das war natürlich nur ein Beispiel. Doch die Matrix ist überall um Sie. Nun haben Sie diesen `Scheißjob` angenommen und Ihnen werden die neuen Mitarbeiter vorgestellt. Bei einigen denken Sie `*Mit denen komme ich gut aus*`, und bei anderen `*Das ist eine falsche Person*`, obwohl Sie diese nicht kennen. Würden Sie nach einem Jahr die Situation neu beurteilen müssen, würden Sie erstaunt feststellen, *wie richtig Sie lagen*. Wenn Sie sich aber über diese erste Intuition *hinwegsetzen*, vielleicht wegen des guten Aussehens eines Menschen, dann werden Sie unter Umständen ganz schön auf die Nase fallen und sich erst am Ende an den Kopf schlagen und sagen: `*Warum habe ich nicht auf meine Innere Stimme gehört!*`

Gehen wir zu unserem Beispiel, dessen Erfüllung in weiter Ferne liegt, zurück: zu dem Porsche. Wenn Sie keinen Job haben, wird Ihnen doch bei solchen Wünschen oft in den Sinn kommen: `*Unmöglich!*`. Und damit ist das Target dann **auch** unmöglich. Sie selbst haben es dazu gemacht. *Durch ihren Un-Glauben.*

Sie glauben das nicht? Denken Sie zurück. Wie oft haben Sie im Leben gedacht, dass immer die *negativen* Dinge in Ihrem Leben dann tatsächlich eintrafen. *Nicht* die positiven. Jemand, der negativ denkt, wird auch ungewollt das Negative in sein Leben holen, **weil er ja daran glaubt**. Obwohl er es nicht will. Das spielt keine Rolle! Wir können an etwas glauben, ohne es zu wollen!

Im Dritten Reich wurden wir von der NSDAP hinters Licht geführt, und Millionen von Menschen verloren ihr Leben. Das ist nicht schön, aber wahr. Also glauben wir auch an diese Wahrheit. Oder wenn Sie hören, dass Ihr Lebenspartner Sie betrogen hat. Das ist nicht schön, aber unter Umständen *wahr*. Hinzu kommt, dass Ängste eine `erhöhte Aufmerksamkeit` in uns auslösen. Damit denken wir öfters an sie. Und die Wahrscheinlichkeit ist groß, dass wir jene Dinge, die wir nicht wollen, dadurch in unser Leben holen, weil wir daran glauben. Während wir bei guten und positiven Dingen oft gleich abwinkend sagen: `Glaub ich nicht, dass ich das schaffe`, oder `Soviel Glück habe ich nicht ...`

Wenn dies also Ihr fester Glaube ist, dann wird es auch genau so kommen: *Sie werden nicht soviel Glück haben!*

Glauben Sie, dass ich ein besserer Mensch bin, weil ich dieses Buch herausgebracht und veröffentlicht habe? Glauben Sie, ein anderer ist ein besserer Mensch, weil er es geschafft hat, als Kunstmaler seine Bilder einem großen Publikum zur Schau zu stellen, oder weil irgend jemand etwas besitzt, dass Sie *nicht* besitzen? Ich habe dieses Buch geschrieben, weil ich daran geglaubt habe. Ich habe mich nicht von all den Leuten mit negativen Emotionen in meiner Umgebung anstecken lassen, die die Augen verdreht haben und sagten `Jetzt spinnt er...`. Und wenn Sie kein Buch schreiben oder kein Bild malen, keine Musik machen oder keinen Kochtopf mit Fritiereinsatz haben, obwohl Sie es wollen, aber *nicht daran glauben, dass Sie es können*, dann wird es auch nicht möglich sein. Der einzige, der Sie daran hindert, sind Sie.

Umgekehrt ist es doch so, dass, wenn Sie etwas bekommen haben, was andere nicht besitzen, egal ob ein tolles Auto oder eine schöne Freundin, Sie irgend etwas dafür getan haben. Im richtigen Moment. *Etwas, dass andere vielleicht nicht machen.* Vielleicht haben Sie ihre Traumfrau *angesprochen*, während der Großteil der Gesellschaft im richtigen Moment lieber *daran vorbeiläuft*, `weil es ja sowieso nicht klappt`.

Wenn Sie Hinweise in Ihr Unterbewusstsein bekommen, diese aber nicht auswerten und entsprechend handeln, dann bleibt die Türe verschlossen. Und wenn Sie an dem alten Mann mit dem Stock vorbei gehen, der nach rechts oder links zeigt, obwohl Ihr Unterbewusstsein Ihnen sagt `Das ist wichtig! Geh in diese Richtung!`, und statt dessen denken: `Was macht denn dieser alte Trottel da für Faxen`, dann haben Sie es nicht verstanden, in was Sie leben, arbeiten und existieren.

Manchmal bekommen Sie auch Hinweise, welche nichts mit einem Wunsch zu tun haben, den Sie direkt im Bewusstsein tragen. Es gibt auch *unterbewusste* Wünsche, die im Hintergrund arbeiten. So kann ein unterbewusster Wunsch zum Beispiel heißen `überleben zu wollen`; Dann könnte Ihnen Ihr Unterbewusstsein womöglich in einer lebensbedrohenden Situation signalisieren, an einem bestimmten Tag besser nicht an einen bestimmten Ort zu gehen, oder lieber links abzubiegen als rechts. Oder Sie haben den unterbewussten Wunsch, Ihre Traumfrau zu treffen, aber haben *keine konkrete Person vor Augen*. Dann würde Ihr Unterbewusstsein Ihr Interesse auf *bestimmte Personen* in Ihrer Umgebung lenken, die in Frage kommen könnten. Es könnte auch der unterbewusste Wunsch sein, eine bestimmte Person irgendwann wiederzusehen. Und eines Tages stehen Sie in einem Kaufhaus, und `irgend etwas` in Ihnen sagt: `Geh nach rechts und dann nach oben`... (vielleicht der alte Mann mit dem Stock...), weil *diese* Person in der Nähe ist.

Das ist der *Vierte Schlüssel*. Eine **neue Sicht der Dinge**. Ein neues Wahrnehmen der *selben* Situation. Gehen Sie in die Praxis. Nehmen Sie diese Erkenntnisse mit auf der Reise durch Ihr Leben und beobachten Sie sich und Ihre Umwelt. Und wenn Sie jetzt dieses Büchlein zur Seite legen und eine kleine Pause machen sollten, testen Sie den Vierten Schlüssel, den ich Ihnen gegeben habe.

Aufschließen (anwenden) müssen Sie nun *selbst*. Damit gelangen Sie in den *nächsten* Raum. In diesem Raum, in welchen Sie jetzt gelangen können, werden Sie nun *mehrere* Türen finden. *Nicht nur eine*. Und für jede gibt es einen Schlüssel. Ich werde Ihnen auf den folgenden Seiten alle notwendigen Details verraten, um den jeweils richtigen Schlüssel zu finden und, vielleicht, die Tür, zu der er gehört, zu öffnen. Hören Sie auf, sich selbst zu verunsichern. Folgen Sie dem Buch *Schritt* für *Schritt*. Wenn Sie sich zurück entsinnen: Es hätte keinen Sinn gemacht, Ihnen das letzte Kapitel zu erklären, ohne die notwendigen drei Schlüssel zuvor zu geben.

Ebenso wenig hätte es Sinn gemacht, Ihnen das Nachfolgende zu erklären, solange Sie den Vierten Schlüssel nicht besitzen. Denn es geht um eine *Umstellung*. Eine Veränderung der Wahrnehmung (so wie ein und dasselbe Glas anstelle halb leer in Zukunft halb voll zu sehen). Das heißt, eigentlich haben Sie bislang gar nichts wahrgenommen. Viele Menschen suchen den Sinn des Lebens. Aber *suchen sie* ihn wirklich? Oder *fragen* sie nur danach?

Beobachten Sie Ihre Umwelt. Schalten Sie den Fernseher ein, schauen Sie in die Tagespresse oder fragen Sie den Nachbarn von nebenan. Lassen wir mal Unwissenheit und bewusste Manipulation außen vor, dann werden Sie, wenn Sie bei deren Reden und Lebenseinstellungen zuhören, feststellen, dass immer einer der bislang bekannten vier Schlüssel, welche Ihnen nun bekannt sind, *nicht angewendet wurde*... War das Wissen, welches ich Ihnen bislang offenbarte, *so schwer*, dass das Ihnen nicht bewusst wurde?

Dafür gibt es einen Grund.

Ich habe bewusst kein dickes, überdimensionales Buch geschrieben. Oder womöglich doch...? Viele Autoren schreiben viel und sagen doch nichts... Und *überdimensional* ist es im wahrsten Sinne des Wortes... Sie verstehen langsam, wie man zwischen den Zeilen liest, um einen ganz *anderen* Sinn aus einem Satz zu bekommen.

Viele Menschen warten voller Sehnsucht auf einen Kontakt mit Außerirdischen. Auf ein überdimensionales UFO, dass in ihrem Garten landet. Doch warum sollten diese Außerirdischen einen solchen Weg beschreiten, wenn wir *noch nicht einmal die* **Grundlagen** *der uns umgebenden Wirklichkeit* herausgefunden und *verinnerlicht* haben?

Ich möchte Ihnen aber damit alles andere als einen Vorwurf machen. Denn ich sagte Ihnen, dafür gibt es einen Grund. Es gibt zwei Möglichkeiten. *So einfach ist es.* Entweder wir sind einfach noch nicht so weit, oder die Allgemeinheit wird bewusst dumm gehalten. Dazu bräuchte man nur ein entsprechendes Schulsystem, einen entsprechend arbeitenden Medienapparat und ein entsprechend arbeitendes Staatssystem. Welche dieser beiden `Realitäten` zutreffend ist, finden Sie mit den Ihnen übergebenen vier Schlüsseln problemlos selbst heraus. Suchen Sie nach der Wahrheit. Und Sie werden sie finden. Wie andere vor Ihnen.

Ein von mir sehr geschätzter Aussteiger des CIA hat einmal gesagt: `Gedankenkontrolle kann man *nicht schmecken*, nicht *riechen*, nicht *hören*. Sonst wäre es keine `Gedankenkontrolle`, sondern Essenskontrolle oder sonst irgendetwas...`; Ich füge diesem noch hinzu, dass man Medienkontrolle und Kontrolle über das Erziehungssystem ebenso wenig riechen oder schmecken könnte. Wie zum Beispiel im Dritten Reich geschehen oder zur Zeiten der DDR vor dem Fall der Mauer, um nur zwei Beispiele aus der jüngeren Vergangenheit (und unserer *unmittelbaren Umgebung*) zu nehmen.

Ich stelle in den Raum, dass es jenes Wissen bereits seit *Jahrtausenden* auf diesem Planeten gibt und bereits den *Mysterienschulen* der alten Ägypter in ähnlicher Form gelehrt wurde.

Doch damals wurde bereits das exoterische (Allgemein-) Wissen von dem esoterischen (Geheim-) Wissen getrennt, um so einer selbsternannten Elite Macht über den Rest der Menschheit zu geben und eine Art `Sklavengesellschaft`, eine Art `Arbeiterstaaten` zu gründen, *für die überall anfallende `Drecksarbeit`.* Drei mal dürfen Sie raten, zu welcher Seite ein Großteil der Leser dieses Büchleins bislang zählten.

Der Vierte Schlüssel ist also *die Kombination der ersten drei Schlüssel* (Glaube, Intuition, `Hilf Dir selbst`) plus der Erlernung, A= Ein imaginäres Ziel anzuvisieren und B= diesen Pfad *bewusst* zum Ziel zu gehen an den entsprechenden `Kreuzungspunkten` abzubiegen. Also lassen Sie uns weitergehen bei der *Wiederentdeckung des verschollenen Wissens*. Wir geben Ihnen das zurück, was Ihnen vorenthalten wurde.

Der 4.Hinweis: Niemals

4. Kapitel: Feinstoffliche Energien

`Follow the white rabbit`. Auf diese Weise zeigte der Computer Neo im ersten Teil *den Weg zu Trinity*. Als Neo auf der Schulter der `Wegbereiterin` das weiße Kaninchen entdeckte und dieser folgte, gelangte er zu Trinity.

Womöglich haben Sie gedacht, es gibt eine `normale` Welt, in der Sie leben – und dann, eventuell, eine `überdimensionale` Version, irgendwo dort draußen. So ist es natürlich nicht. Und bereits das letzte Kapitel sollte vermitteln, dass alles eins ist und wir bereits *jetzt* in dieser Matrix leben, nur Teile deren Grundregeln haben sich eingebürgert und andere (noch) nicht.

Bevor ich zum nächsten Schlüssel komme, möchte ich zuvor kurz auf einen Prozess eingehen, der schon mit dem Thema `Nahrungskontrolle` kurz angesprochen wurde. Besser wäre `Psychologische Nahrungskontrolle`, denn **das ist es**, was heute noch, auf den Verzehr von Fleisch bezogen, betrieben wird in den Medien und der Werbung. Es geht nicht darum, ob totes Fleisch schmeckt oder nicht. Ich bitte dies nicht zu verwechseln.

Deshalb möchte ich, bevor ich auf die positiven Eigenschaften bei der Hilfe zur Anwendung der Schlüssel komme, zuvor auf einige ganz fundamentale Tatsachen eingehen, welche dieses Thema betreffen.

Bereits *unmittelbar* nach dem Verenden eines Tieres stirbt dessen Körper, dessen biologische Hülle. Besonders problematisch sind hierbei der Stoff Eiweiß und die Zellen von getöteten Tieren.

Da es Rauchern offensichtlich egal ist, ob die Hälfte der Packung mit Warnhinweisen über dessen Folgen verkleistert ist (*zumindest bis sie Lungenkrebs oder Herzprobleme bekommen, um dann die entsprechenden Konzerne zu verklagen*), muss ich hier zumindest anmerken, dass auf jedem toten Stück Fleisch ein ebensolcher Warnhinweis angebracht werden müsste. Auch wenn es diese Gruppe kaum vom Verzehr abhalten würde.

Der Grund liegt unter anderen darin, dass in den Zellen getöteter Tiere *Spurenelemente* von Tötungsgiften abgelagert sind, welche nach dem Verzehr direkt in die menschlichen Zellen eingebaut werden. Der menschliche Körper mit seinem sonst sehr leistungsstarken Entgiftungsapparat ist nur zum Teil imstande, solche toxischen Spurenelemente des Todes zu beseitigen. Schritt für Schritt werden damit die menschlichen Zellen zu einem Tierfriedhof. Und wirken sich auf Bereiche unseres Körpers aus, welche bestimmte Prozesse in uns hemmen. So wie sich zum Beispiel unter anderem beim Raucher die Blutbahnen verengen und die Durchblutung stören, wirkt sich die Ablagerung der Spurenelemente durch den Verzehr von toten Tieren in den Zellen auch negativ aus. Das beginnt bei so `banalen` Dingen wie der Erhöhung des Herzinfarktrisikos (auch wenn diese toten Wesen die trügerische Eigenschaft besitzen, von unserem Darm sehr bequem verdaut werden zu können) und geht bis zu Einwirkungen auf unser Immunsystem, welches anfälliger wird, Herz-Kreislauf-Beschwerden – und natürlich *hemmt es unser Wahrnehmungsvermögen*, was sich letztlich auch auf die für Sie möglicherweise noch als `übernatürlich` titulierten Wahrnehmungen auswirkt. Den negativen Einfluss können Sie dadurch feststellen, dass Menschen, die übermäßig *viel* Fleisch essen, oft *müde* sind und *träge* werden. Aber letztlich ist jeder seines Glückes Schmied und für sich selbst verantwortlich. Auch Sie. Also will ich Ihnen keinen Vortrag halten.

Auch andere Stoffe in unserer Nahrung wirken in bestimmten Situationen negativ. Dazu gehört zum Beispiel *Zucker*. In geringen Mengen eingenommen, kann er aufbauend sein. Zum Beispiel nach großer körperlicher Anstrengung durch psychische oder physische Belastungen.

Wird dieser Stoff allerdings in zu großen Mengen eingenommen, bewirkt er genau das *Gegenteil*. Es ist wie beim Rotwein. Lassen wir das Thema Zuckerkrankheit, Fettleibigkeit und die damit verbundenen Krankheitsbilder außen vor – die langfristigen Auswirkungen, so hat er auch kurz- und mittelfristige Auswirkungen. Er macht schlapp, träge, lustlos und geradezu apathisch. Halten Sie es für einen *Zufall*, dass die Nahrungsmittelindustrie *sowohl in der Werbung* wie auch *im Bereich der Angebotspalette* das Verlangen der Menschen hauptsächlich auf Fleisch- und Zuckerprodukte lenkt? Mit Erfolg!

Bislang waren Vegetarier und jene, welche auf *wirklich* gesunde Ernährung achten, eine verschwindend geringe Minderheit bezogen auf die Gesamtbevölkerung. Doch dies hat sich verändert, und der Prozess geht fort. Deshalb ist beschlossen worden, auch diese Gruppe möglichst wieder in jene Lethargie zurückzuführen, welche für sie vorgesehen war. Stichwort `genmanipulierte Produkte`. Ob das, was ich hier anmerke, stimmt? Fragen Sie Ihre Intuition. Die meisten Menschen ahnen *unbewusst*, was hier auf sie zukommt.

Finden Sie es nicht merkwürdig, was hier geschieht? Haben *Sie* bisher genmanipulierte Nahrung gebraucht?

Warum wird hier etwas von Amerika `zwangsimportiert`, was wir eigentlich gar nicht wollen? Und die Einführung in Deutschland wurde nur durch das `Neue Vereinigte Europa` möglich, welches sich über die Gesetze der Bundesrepublik hinwegsetzen konnte... Merken Sie etwas?

Merken Sie, was Sie wirklich wert sind? Die Einführung des Euro wurde von der Mehrheit der deutschen Bevölkerung *abgelehnt*. Das waren die *offiziellen Ergebnisse der Volksbefragungen* vor Einführung! Hätte das deutsche Volk zugestimmt, dann hätte man gesagt: `Wir haben es im Namen des Volkes getan!` So hat man es am Volk vorbei gemacht – weil die Ziele, welche hier angestrebt werden, schon lange *zuvor* beschlossen wurden.

Doch warum gab es keine Massendemonstrationen, keine Aufstände? Warum interessiert es keinen von der Bevölkerung mehr, was hier geschieht? Warum sind alle so *träge* und *lethargisch*? Vielleicht fällt Ihnen dazu etwas ein...

Diese Antwort haben Sie sich selbst gegeben. Ich war es *nicht*. Sehen Sie... *Es funktioniert noch*... Aber es könnte *besser* sein... Und vielleicht kennen Sie jetzt auch eine der Antworten, die Sie derzeit noch selbst in der Hand haben, um es zu ändern.

Monsanto war eine der ersten großen Firmen in Amerika, welche auf dem Bereich der genmanipulierten Nahrung Forschungen betrieb und diese für sich deklarierte. Was die meisten nicht wissen: Die dazu herangezogenen Bauern, welche Verträge mit Monsanto abschlossen, hatten *alle*, **ohne Ausnahme (!)**, einen fast *hundertprozentigen Ernteausfall*!

Trotzdem wird es manipulierte Nahrung geben. Auch hier in Deutschland. Nun sage ich Ihnen aber, dass diese Manipulation in den *seltensten Fällen* auf dem Felde stattfindet! **Welchen Zweck dies hat, diese Antwort haben Sie sich bereits selbst gegeben.**

Kommen wir zum Abschluss unserer Abhandlung über Nahrungsmittel noch auf die `Lüge des *Salzes*`. Salz ist nicht nur geschmacklich der Gegenpol zu Zucker (Salzig – *süß*). Es hat auch die Möglichkeit, zuviel konsumierten Zucker zu *neutralisieren*, was die beschriebenen negativen Eigenschaften betrifft (Trägheit, Müdigkeit, etc.).

Da *normaler*weise der Mensch aber beides, Salz und Zucker, in bestimmten Mengen konsumieren würde, hätte hier der gewollte Effekt des Zuckers seine natürliche Neutralisation.

Also wurde die Lüge in die Welt gesetzt, dass schon geringe Mengen Salz zu viel *schädlich* sind! Absoluter Blödsinn! Wissenschaftlich überhaupt eine der größten Lügen aller Zeiten. Die Legende vom `Weißen Killer` begann mit ein paar Mäusen. Der Wissenschaftler L. Dahl schüttete ihnen Unmengen Salz in das Futter und fand heraus: Salz lässt den Blutdruck steigen. Doch ein Mensch müsste täglich e*in Pfund* Salz essen, um auf die gleiche Dosis zu kommen. Den endgültigen Beweis für die Gefährlichkeit des Salzes sollte die `Intersold-Studie` in den 80er Jahren bringen, bei der man 53 Bevölkerungsgruppen verglich. Doch die ersten Ergebnisse fielen anders aus, als erwartet. Der Blutdruck schien mit steigender Salzzufuhr eher zu sinken, als zu steigen! Erst als man die Daten von vier Bevölkerungsgruppen einreichte, kehrte sich der Trend um. Darunter die Janumani-Indianer. Nur – die Janumani-Indianer essen so gut wie kein Salz. Die Intersold-Studie wurde zuletzt so umgedeutet, dass man gleichzeitig die Salzeinnahme auf das Alter *und* den Bluthochdruck bezog... Denn als man am Ende feststellen musste, dass das Ergebnis negativ war, versuchte man zu retten, was zu retten war.

Trotzdem sind 95% aller Menschen, beeinflusst *durch die Medien*, noch heute der Überzeugung, *Salz sei schädlich*. Falls Sie zu viel Süßigkeiten gegessen und eventuell Kopfweh bekommen haben oder Ihnen schlecht ist, dann rate ich Ihnen: gehen Sie in die Küche und essen Sie einen viertel Teelöffel Salz. Sie werden die Verbesserung Ihres Allgemeinzustandes sofort spüren.

Wenn Sie zudem vielleicht noch *rauchen* und/oder *trinken, einen 8 bis 10 Stundenjob haben*, der Sie in Anspruch nimmt, damit Sie am Monatsende etwa gerade mal *so* viel Geld zusammenbekommen, dass Sie die Miete bezahlen und etwas zu Essen kaufen können – wie viel ist dann noch *übrig* von Ihnen? Sagen Sie es mir... Sind das *SIE*?

Vielleicht haben Sie gerade noch die Zeit, sich abends ein oder zwei Stunden vor den Fernseher zu setzen und die Nachrichten anzuschauen... Ups... War da nicht etwas?

Falls Ihr Schulsystem Sie dies alles nicht lehrt, und die Medien es nicht bringen: Das Dritte Reich und die DDR waren nicht die einzigen Länder mit gezielter Medienkontrolle. Im Dritten Reich gab es ein Gesetz, welches mit `Radio-Verbrechen` betitelt wurde. **Kein Witz!**

Dieses `Radio-Verbrechen` bestand *darin*, den `falschen` Sender zu hören. Und wurde zumeist mit dem **Tode bestraft!** Auch dies ist *kein* Witz. Sondern Geschichte.

Ich habe viele Bekannte, welche im Medienbereich arbeiten (Rundfunk, Fernsehen, Zeitung). Und ich kann Ihnen sagen, dass sie nicht alles senden können, was sie gerne wollen. Was ist das sonst, *wenn nicht* Medienkontrolle? Jemand aus meiner eigenen Familie war anwesend, als bahnbrechende Entdeckungen in einer Universität vor dem Fernsehteam bekannt gegeben wurden. Doch im Artikel eines hochrangigen Magazins über GEOlogie kam dann zwar alles Mögliche, aber ausgerechnet die bahnbrechenden Aussagen der Universitätsprofessoren über lebensverlängernde Substanzen *nicht*.

Zudem? Was *ist* Medienkontrolle eigentlich? Im Alten Rom gab es einen Vorsatz, die Bevölkerung durch `Brot und Spiele` ruhig zu halten. Gilt das nicht heute noch? Nichts gegen Fußball und das allabendliche Softpornoprogramm – aber müssen wir nicht zugeben, dass die Masse der Bevölkerung ihr Augenmerk `auf solch wichtige Dinge` lenkt, wenn sie nach der Arbeit noch Zeit hat, um sich mental auf den nächsten Arbeitstag vorzubereiten? Denken Sie mal darüber nach.

Diese Zeit sollte man sich auch in einer Welt nehmen, in der es *normal* geworden ist, `Public-Relations-Agenturen` zu beauftragen, um den Verlauf eines Krieges propagandagerecht zu dokumentieren (auch wenn er mit der Wahrheit nichts gemein hat), ohne das jemand Anstoß nimmt.

Sie sind auf dem richtigen Weg. Denn Sie haben Ihr Interesse auf gewisse Themen gelenkt und dabei auch dieses Buch gekauft oder erhalten und lesen es. Doch Milliarden von Menschen sind noch nicht mal *so* weit.

Ich wurde gefragt, warum im Film Matrix das analoge Telefon so eine zentrale Rolle spielt? Wenn der Film Hinweise geben will, wie wäre dies zu verstehen? Ich kann hierzu nur so viel sagen: Wenn Sie es nicht dringend benötigen, werfen Sie Ihr Handy / I-Phone weg. Es ist, wie bereits beschrieben, nicht mehr und nicht weniger als eine Wanze, welche Ihren Standort verrät und vieles andere über Sie – es ist nichts anderes, als der *Ring* im Film `Herr der Ringe`, welcher einen für einen kurzen Augenblick *augenscheinlich* hilft, die Flucht zu ergreifen, aber die Verfolger auf die Spur bringt... Doch nicht die analoge Technik ist der Hinweis. Sondern die Telefonzelle. Beziehungsweise der damit verbundene Hinweis, über einen öffentlichen Anschluss anzurufen oder zumindest *nicht* den eigenen. Öffentliche Telefonzellen sind derzeit das zentrale Sicherheitsrisiko der Geheimen Weltregierung. Zwar können sie abgehört werden, aber was bringt dies, wenn der Anrufer unbekannt ist, der von dort aus telefoniert. Natürlich schließt dieser Hinweis mit ein, dass auch der Angerufene oder der Anrufende von einem personenbezogen nicht nachvollziehbaren Anschluss aus anruft / angerufen wird. Telefonzellen sind dafür gut geeignet. In den meisten steht deren Nummer, in welcher man sie anrufen kann. Als die Erstauflage dieses Büchleins im Jahr 2004 erschien, standen sie noch an `jeder Ecke`. Bis heute wurden sie nahezu systematisch fast überall aus unserer Umgebung entfernt. Wenn Sie also meinen, ungerechtfertigt in der Matrix verfolgt zu werden, machen Sie es wie im Film und gehen den analogen Weg über die (falls noch vorhandene) Telefonzelle. Und auch Ihr Gesprächspartner. Allerdings war dies nur *eine* Bedeutung der Telefone im Film. Es gibt noch eine andere. Aber diese kann ich hier noch nicht nennen. Später... Erinnern Sie sich: Manche Dinge und Worte haben *mehrere* Bedeutungen, nicht nur eine. `Erinnern Sie sich dabei an das `Zwischen den Zeilen lesen`.

Schon im ersten Teil des Filmes wird von den `Aufständlern` eine Waffe eingesetzt gegen jene, welche die Matrix kontrollieren: EMP. Als Neo dies hört, fragt er: ′EMP? Was ist das?` Und man antwortet ihm: `EMP – Elektromagnetische Pulswaffe. Die einzige Waffe gegen die *Maschinen*.`

Auch hinter dieser Aussage ist die absolute Wahrheit versteckt. EMP-Waffen setzen elektrische Systeme außer Kraft. Man kann damit Ihren Wagen anhalten oder Ihre Stromversorgung lahm legen, welche die Energie produzieren, die Sie benötigen, um Ihren Fernseher einzuschalten. Nehmen wir an, es gäbe einen *absoluten* Überwachungsstaat, so wie ihn George Orwell in `1984` prophezeit hatte (…), vielleicht noch viel schlimmer, dann funktioniert diese Überwachung über bestimmte Systeme: Kameras, Computer, Mikrochips, alle elektrischen Geräte, welche notwendig sind, ein Telefonnetz aufrecht zu erhalten, und so weiter.

Würde es zu einem *flächendeckenden* Stromausfall kommen, dann würden diese im wahrsten Sinne des Wortes `im Dunkeln tappen`, und das komplette Überwachungssystem wäre abgeschaltet! Ist diese `*Analogie*` im Film ein Zufall? Gehen Sie in sich und fragen Sie Ihr Unterbewusstsein. Mehr Hinweise kann ich zu diesem Thema hier nicht geben.

Wir sind nun in jenem Raum, welchen Sie durch den vierten Schlüssel geöffnet haben. Sie finden in diesem Raum, wie angedeutet, *mehrere* Türen. Wir werden die erste davon öffnen.

Warum habe ich Ihnen all diese Sachen über Zucker und Nahrungsmittel erzählt? Schauen Sie auf den Umschlag des Buches. Dort steht: *Gebrauchsanweisung*.

Mit dem fünften Schlüssel werde ich Ihnen vermitteln, wie Sie die Hintergründe verstehen und *nachprüfen* können. Und, der **wichtigste** Faktor, wie Sie in Zukunft unabhängig von der Nahrungsmittelindustrie, Fernsehen und anderen Medien selbst überprüfen können, welcher Stoff und welche Dinge für Sie **wirklich** *aufbauend* sind, oder *abbauend*. Denn nicht zuletzt geht es darum, Ihr

Sklavenbewusstsein aufzubrechen und Ihre wahre Identität, oder das, was von ihr übrig ist, wieder *hervorzuholen* ins **Wachbewusstsein**. Doch zuvor eine

! WARNUNG !

Wenn Sie *diesen* Weg gehen wollen, werden Sie für das System *unbrauchbar*. Sie würden hinter die Geheimnisse kommen, welche Ihnen vorenthalten wurden, damit Sie Ihre Arbeit als Sklave verrichten. Deshalb leben Sie `unbewusst`. Die Welt wird nicht mehr jene sein, die Sie zuvor kannten, wenn Sie Ihre Unbewusstheit *aufgeben*. Womöglich würden Sie an Ihre alte Arbeitsstelle zurückkehren und sich fragen: `Was mache ich hier eigentlich?`. Ihre Werte würden sich verschieben. Ihre Wahrnehmung. `Bewusst`-Sein ist mit einem Risiko verbunden. Werden Sie sich dieses Risikos bewusst. Manche Menschen fühlen sich wohl in der *Un*bewusstheit. Auch wenn diese eine Lüge sein sollte. Sie brauchen diese `Sicherheit`, morgens zur Arbeit zu gehen, in dem `Wissen`, `sie leben in einer `heilen` Welt`, und das Gefühl, abends nach der Arbeit noch etwas zu essen und gemütlich in den Schlaf zu nuckeln.

! WARNUNG !

Sie stehen jetzt vor der selben Wahl wie Neo. Morpheus hielt ihm eine blaue und eine rote Pille entgegen. Er erklärte ihm:

Wenn er die **blaue Pille** wählt, würde er wieder in seiner `Alten Welt` erwachen, jener Scheinwelt, aus der er zwar kurzzeitig herausgeholt worden war - doch *das* würde er *vergessen*.

Wenn er sich für die **rote Pille** entscheidet, würde er weiterhin `Alice im Wunderland` bleiben. **Mit all den damit verbundenen Risiken und Gefahren, welche dieses Erwachen mit sich bringt.**

Falls Sie sich für die *blaue Pille* entscheiden, dann bitte ich Sie jetzt, dieses Buch wegzulegen. Ich wünsche Ihnen alles erdenklich Positive in Ihrem weiteren Leben! Und dieser Spruch kommt von Herzen. Mögen die kommenden Ereignisse Sie nicht überrollen. Ich danke Ihnen für die mir erteilte Aufmerksamkeit. Leben Sie lang und wohl.

`Alles Gute!`

Der 5. Schlüssel

Sie haben sich dazu entschlossen, die **rote Pille** zu nehmen: *Die Pille der Wahrheit*. Es war Ihre freie Entscheidung. Alle daraus resultierenden Erkenntnisse und Gefahren unterliegen *Ihrer* Verantwortung. Vergessen Sie das nicht. Als den Menschen nach der Aufdeckung des Dritten Reiches *bewusst* wurde, wie sie hintergangen worden waren und welche Vorgänge sich hinter ihrem Rücken abgespielt hatten, sind viele von ihnen erschrocken, dass so etwas überhaupt möglich war. Es *war* möglich. Und es ist es noch. Vergessen Sie nicht: Wir leben in einem `Siegerland` der Alliierten. Manchmal ist es egal, welche Partei Sie wählen, die Münze könnte sogar auf die Seite fallen. Sie würden das Gefühl nicht los, es macht eigentlich keinen Unterschied.

Was wissen Sie über so genannte `feinstoffliche Energien`? Nichts? Gut. Dann sage ich Ihnen erst einmal, was *feststoffliche* und *grobstoffliche* Energien sind: Aus feststofflichen Energien bestehen alle Dinge, die Sie anfassen und berühren können. Aus grobstofflichen alle Dinge, die Sie wahrnehmen, aber nicht anfassen können, wie zum Beispiel Hitze, Kälte, Wind und so weiter. *Feinstoffliche* Energien sind jene, welche zwar vorhanden, von Ihnen aber nicht über die Ihnen bekannten Sinnesorgane wahrgenommen werden können. Existieren sie überhaupt? Diese Frage werden wir mit dem fünften Schlüssel beantworten und *testen*.

Wir werden nun einen Test machen, welcher sich `Delta-Muskel-Test` nennt.

Ich selber bekam diese Erkenntnisse von einem *Prof. Dr. der Medizin* und gleichzeitig auch *Dr. der Physik*, Prof. Dr. med. Dr. Physik Niesel, und kam später in meinem Leben eher unfreiwillig wieder mit diesem *Delta-Muskel-Test* in Berührung. Wollen Sie diesen Test objektiv durchführen, suchen Sie sich eine Testperson, an der Sie diese ausprobieren können.

Gleichzeitig bitte ich Sie nun, *Ihre Gedanken* auf die nun geschilderten Vorgänge zu lenken und sich *bildlich* vorzustellen: Wie würden *Sie* als Testperson reagieren? Dazu bitte ich Sie, falls Sie zu diesem Zeitpunkt noch keinen Partner haben, an welchem Sie diese Tests machen können, *sich selber* in Gedanken als *jene* Person zu sehen, an welcher diese Tests gemacht werden. Dies ist ganz wichtig! Denn Sie werden feststellen, dass der Test *auch alleine bei dem Gedanken an diese Vorgänge funktioniert* in Ihrer inneren, bildlichen Welt. Alle Ergebnisse, welche Sie auf diese Weise produzieren, werden in der Praxis den selben Ausgang haben!

Folgender Hinweis vorweg: Sollten Sie *Linkshänder* sein, nehmen Sie bei *nachfolgenden Tests* (Delta-Muskel-Test) bitte Ihre *linke* Hand für *die* Vorgehensweisen, welche hier im Buch der *rechten* zugeordnet werden – sowie die rechte Hand für jene Tätigkeiten, welche infolge der linken zugedacht sind (Der rechte Arm wird nachfolgend für bestimmte Aufgaben genommen, weil sie in der Regel kräftiger ist bei einem Rechtshänder). Für *Rechtshänder* wie nun folgend:

Stellen Sie sich vor, Sie stehen in einem grünen Garten und eine Person führt folgende Tests an Ihnen aus:

Der erste Test: Strecken Sie (wie in Zukunft grundsätzlich *immer* bei diesen Tests!) Ihren rechten Arm *waagrecht* weg vom Körper in eine *stabile* Position. Eine imaginäre oder reale Testperson wird nun versuchen, Ihren ausgestreckten Arm nach unten zu drücken.

Ihre Aufgabe ist es, dagegen zu halten, damit dieser das nicht ohne weiteres gelingt.

Stellen Sie sich nun etwas *unsagbar Schönes* in Ihrem Leben vor. Wenn nun jemand versucht, Ihren rechten Arm herunterzudrücken, dann wird er auf starken Widerstand stoßen. Es wird ihm kaum möglich sein, Ihren ausgestreckten Arm nach unten zu drücken, denn Sie werden dagegen halten.

Stellen Sie sich nun etwas *unsagbar Verletzendes und Trauriges* vor. Es wird ein leichtes sein, Ihren ausgestreckten Arm nach unten zu drücken.

Dies bedeutet, wir können mit unseren Gedanken unsere Physis beeinflussen.

Der zweite Test: Nehmen Sie nun *ein Stück Zucker* in die **linke** Hand (zum Beispiel jene Doppelpackungen, welche wir in Cafés bekommen), oder stellen Sie es sich bildlich vor, während Sie die **rechte** weiterhin in waagrechter Position stabil vom Körper weg halten. Es wird der beauftragten Person nicht schwer fallen, Ihren rechten Arm nun nach unten zu drücken.

Die erste Erkenntnis hieraus ist, dass Zucker dieselben Leistungsmerkmale an uns auslöst wie Trauer und Schmerz. Er schwächt unseren Widerstand.

Halten Sie das Stück Zucker mit der linken Hand an ihr Herz. Auch hier wird es ein leichtes sein, Ihren rechten Arm nach unten zu drücken. Sie können dies an anderen Stellen Ihres Körpers machen und werden immer zu dem selben Ergebnis kommen.

Das heißt: Nicht ganz... Nehmen Sie nun das besagte Stück Zucker und halten es mit der linken Hand **an Ihre Nasenspitze**. <u>Plötzlich tritt eine *Veränderung* ein!</u> Wird der Zucker an die *Nasenspitze* gehalten, dann wird es der zweiten Person plötzlich *nicht mehr möglich sein*, Ihren rechten Arm nach unten zu drücken! Sie wird auf dieselbe Stärke stoßen, wie beim ersten Test, als Sie an etwas unsagbar Schönes ohne ein Stück Zucker in der Hand dachten!

Halten Sie nun das besagte Stück Zucker mit der linken Hand an Ihren *Hinterkopf*. Sie werden den selben Effekt bekommen! Es wird der zweiten Person *nicht möglich sein*, Ihre rechte Hand nach unten zu drücken.

<u>Zwischenbilanz: Zucker *schwächt* unsere Physis. Es gibt aber Regionen, wo `merkwürdigerweise` der Zucker genau das Gegenteil bewirkt! Und diese Regionen sind im Kopfbereich, wie Nasenspitze und Hinterkopf.</u>

Halten Sie nun besagtes Stück Zucker *auf Ihre Stirn* mit der linken Hand. Es wird der zweiten Person wieder ein Leichtes sein, Ihren rechten Arm nach unten zu drücken.

Halten wir fest: *Nicht alle Regionen an unserem Kopf* stärken die Physis. Die Region an unserer Stirn, oberhalb *zwischen den Augen (Position des umgangssprachlich `Dritten Auges`)*, reagiert wie der Rest des Körpers unterhalb und wird geschwächt.
Und es gibt *noch* eine Ausnahme: Kennen Sie zufällig die Geschichten um das *Montauk*-Projekt? Die Betreffenden behaupten darin, dass trauriger Weise die Sexualorgane ebenso reagieren wie Teile unseres Gehirns (auf derselben Ebene), was zur Verstandeskontrolle *benutzt* wurde und wird. Ein Märchen? Testen wir es:

Halten Sie das besagte Stück Zucker mit der linken Hand an Ihr Geschlechtsorgan. Und, siehe da: Sie werden feststellen, dass die zweite Person es hier nicht schafft, Ihren rechten Arm nach unten zu drücken... Es gibt also *tatsächlich* eine Verbindung.

Packen Sie den Zucker nun aus und essen Sie ein Stück davon. Es muss nicht viel sein. Der zweiten Person wird es jetzt ein Leichtes sein, Ihren rechten Arm wieder nach unten zu drücken.

Der dritte Test: Und nun werden wir eine merkwürdige Sache feststellen. Jetzt, *wo Sie den Zucker gegessen haben*, stellen Sie sich wieder wie im ersten Test *etwas sehr Schönes* und Gutes vor. DOCH: Der zweiten Person wird es jetzt ein Leichtes sein, Ihren rechten Arm nach unten zu drücken...

Und nun stellen Sie sich, nach der Einnahme des Zuckers, *etwas Trostloses* und *Träges* vor wie: `Mein Leben ist öde und traurig...`. Es wird der zweiten Person JETZT NICHT gelingen, Ihren rechten Arm nach unten zu drücken!

Das heißt: Der Zucker hat unsere Physis *umgepolt*. Er sorgt dafür, dass wir uns in der Trostlosigkeit und Trägheit *wohl fühlen*. Obwohl es uns *zuvor geschwächt hat ohne Einnahme von Zucker*!

Umgekehrt nehmen wir nach Einnahme des Zuckers Empfindungen an etwas Schönes als physisch schwächend und herunterziehend wahr, obwohl es uns zuvor ohne Zucker Kraft gab. **Dieser Effekt wird `INVERSION` genannt.**

Resumé: Es gibt also Regionen an und *in* unserem Körper, die an verschiedenen Stellen des *Kopf*bereiches sowie an den *Geschlechts*organen liegen, welche `anscheinend` Dinge, die uns in der Physis herunterziehen und schwächen, als *stark* und *positiv* ansehen.

Ich will es nicht *zu* spannend machen: Ausschlaggebend ist **nicht** die Nase, sondern die Region *dahinter*, ausschlaggebend ist **nicht** der Hinterkopf, sondern die Region `darunter` *(dahinter)*: Teile unseres `Gehirns`, welche Entscheidungen treffen. Eigentlich ist es auch nicht das Gehirn selbst, sondern der Sitz einer feinstofflichen Entität, welche mit dem Sitz unserer Seele benannt wird, aber ich will Sie nicht zu sehr verwirren an dieser Stelle - also einigen wir uns auf die Ausdrucksweise `Abschnitte im Gehirn, welche wir unter anderem als `**Verstand**` bezeichnen`.

Übrigens: Aus diesem Grund wird Schokolade zum Beispiel auch als `Nervennahrung` bezeichnet. Und `funktioniert` natürlich auch als Nervennahrung. Sie bringt einen `runter`, beruhigt. Man lässt sich durch *nichts mehr aufregen*. Wird gleichgültig und apathisch gegenüber Dingen, die einen zuvor belastet und aufgeregt haben.

Kommen wir zum Unterleib. Kennen Sie den bösen Ausdruck `Männer denken mit ihren Schwanz`?

Sie merken, der Spruch ist nicht ganz aus der Luft gegriffen, auch wenn er diskriminierend (Kleiner Scherz ...) ist, da bei Frauen das selbe Phänomen in dieser Region auftritt.

Doch was sollte das alles für einen *Sinn* haben? *Warum erzähle ich Ihnen das alles*?

Die größtenteils geheim gehaltene Forschung an inversiven Stoffen ist natürlich kein Zufall. *Doch machen wir zuvor noch einen anderen Test:*

Machen Sie die selbe Versuchsreihe anstelle mit einem Stück Zucker *mit einem Stück Fleisch.*

Sie werden sehr schnell merken, dass Sie zu den **identischen** Ergebnissen kommen, wie beim Zucker.

Dies sind *zwei* Beispiele, welche aber mit den Hauptanteil (was die Inhalts- und Zusatzstoffe betrifft) der Produktpalette unserer Lebensmittelindustrie ausmacht, sowie der positiven Vermarktung durch die Werbeindustrie. Zufall? Machen Sie einen anderen Test:

Machen Sie die *gleiche* Versuchsreihe anstelle mit einem Stück Fleisch oder Zucker mit einem Stück <u>Käse</u>.

Käse reagiert genau *gegenteilig*. Nehmen Sie das Stück Käse in die linke Hand, dann wird es die zweite Person schwer haben, den rechten Arm nach unten zu drücken.
Halten Sie das Stück Käse an die Nasenspitze oder den Hinterkopf, dann wird es ein Leichtes sein, Ihren rechten Arm nach unten zu drücken. Käse ist also *aufbauend* anstelle abbauend für die *Physis.*

Nehmen Sie eine Hand voll Roggenkörner und machen Sie die gleichen Versuchsreihen. Sie kommen zu den selben Ergebnissen wie beim Käse.

Sie müssen zugeben, vor 10 Jahren waren Vegetarier eine Seltenheit. Eine *Minderheit.*

Heute ändert sich dies. Die Leute scheinen unterbewusst zu spüren, dass hier etwas nicht stimmt, dass sie nach der Arbeit und dem Essen *müde* und *apathisch* werden und froh sind, wenn sie nichts mehr machen müssen außer *Schlafen* und *Ausruhen*... Auch wenn sie es nicht zuordnen können. Und eigentlich war es ja schon *immer* so... *Oder?* Dies beantworte ich Ihnen später. Nach den nächsten zwei Beispielen:

`Fleisch ist ein Stück Lebenskraft!`` Wer kennt diesen Ausspruch der Werbeindustrie nicht. Und er wirkt auf *jene* Zentren in unserem Gehirn, welche dass Stück Fleisch aufbauend und stärkend empfinden, also *die* Regionen hinter der Nase und in der Region des Hinterkopfes.

Doch *kaufen* wir und *essen* es, dann entfaltet es *jene* Wirkung, welche Sie durch den Delta-Muskel Test nachprüfen konnten, und welche also mit der oben genannten Regionen im Widerspruch steht. *Noch ein Zufall?*

Wie angedeutet, gibt es immer mehr Menschen hier in Europa, die Wert auf gesunde Ernährung legen oder gar zu Vegetariern werden. Bislang war es eine Minderheit. Doch dies ändert sich. Und der Markt hat wie immer die Verpflichtungen, sich den Wünschen der Kunden anzupassen.

Eigentlich könnte man jetzt sagen: Toll! Doch was wäre, wenn die Wahrheit *anders* aussieht? Was wäre, wenn die Einführung von *genmanipulierter Nahrung* in unsere Regale kein Zufall wäre?

Nehmen Sie einen weißen Rettich vom Bauern in die linke Hand, total bio. Er wirkt *aufbauend* wie der Käse.

Aber was wäre, wenn dies nach der Genmanipulation *anders* wäre...? Wenn ein durch Genmanipulation veränderter Rettich bei uns plötzlich jene Reaktionen hervorruft, wie es der Zucker mit unserer körperlichen Physis macht...? Ich kann Ihnen sagen: **SO IST ES!**

In Amerika gibt es schon seit längerer Zeit genmanipulierte Nahrung, und ich kenne genug Menschen, die mir nach der Einnahme genau von *diesem* Phänomen berichteten. Schon vor Jahren!

Deutschland wurde dazu gezwungen, nun *gegen den Wunsch der Bevölkerung* doch genmanipulierte Nahrung zuzulassen, wegen des massiven Drucks, den Amerika auf Europa ausübte, unter dem Vorwand einer Benachteiligung der Amerikaner bezüglich der freien Handelsbestimmungen. **Ohne** das `Neue Europa` wäre dies in Deutschland geradezu *unmöglich* gewesen...

Vor Jahren führte das Nestle-Imperium zu Testzwecken schon vor Jahren den so genannten `Butterfinger` bei uns ein (Schokoriegel), welcher ausgeschildert mit genmanipuliertem Mais versetzt ist. Damals wurde er wieder vom Markt genommen, weil die Menschen ihn intuitiv nicht wollten. Heute ist er, im Zuge der `derzeitigen gesetzlichen Umstrukturierungen`, mancherorts wieder im Regal zu finden. Und die Verbreitung von genmanipulierter Nahrung kaum noch aufzuhalten. Dem „Neuen Europa" sei Dank! 2004 schrieb ich in der Erstauflage:

`Wenn das genmanipulierte Obst und Gemüse erst einmal offiziell hier ist, wird eine Werbekampagne nach der ersten Skepsis dafür sorgen, dass die Deutschen

und Europäer umdenken und genmanipulierte Nahrung als den absoluten Renner betrachten! Wie bei `Fleisch ist ein Stück Lebenskraft`.
Es werden Tests und Studien auftauchen und durchgeführt werden, welche `eindeutig belegen`, wie viel `besser`, unschädlich und `gesünder` diese Produkte sind. Zu Beginn möglicherweise aus den USA...

Und damit werden Millionen von Menschen in Europa wieder vom Vegetarier und gesunden Vollkostesser zum `Fleischfresser`. Zumindest was Inversion und Delta-Tests angeht: Dem Abbau der Physis.` Und genau so kam es.

Vielleicht sagen Sie jetzt: `Was soll`s. Kaufe ich mein Obst und Gemüse eben *direkt* beim `Kleinen Bauern...` Die Frage ist nur, wie lange es diese freien, kleinen Bauern noch *gibt*. Schon heute werden diese an *Kolchosen* angeschlossen, welche über Angebot und Preise bestimmen, weil sie ansonsten nicht mehr existenz- und überlebensfähig sind. Allein im Jahr 2003 haben in Deutschland etwa 10 000 bäuerliche Betriebe ihre Existenz aufgegeben, weil sie gegen die Preise und Vermarktungsmöglichkeiten der Kolchosen keine Chance mehr haben, zu überleben auf dem `freien` Markt.

Das ist unsere Gegenwart (in der Erstausgabe stand noch `Zukunft`). Sagen Sie mir, wie die rote Pille schmeckt? Bereitet sie nicht bereits in diesem Anfangsstadium einen schalen Nachgeschmack und hinterlässt bei einigen von Ihnen ein Unwohlsein und den Wunsch, dass Sie doch lieber von der Wahrheit verschont worden wären? **Das ist Nahrungsmittelkontrolle.**

Wenn Sie diese für die Physis abbauenden Inhaltsstoffe *verköstigt* haben, werden Sie gewiss nicht voller Elan gegen Ihr Staatssystem aufstehen und dort Bäume ausreißen... Sondern sich wohler fühlen, *NICHTS zu tun.*

(Von `Suchtstoffen` – nicht als solche deklariert – habe ich hierbei noch gar nicht geredet, welche Produkten (Süßwaren, Getränken, etc.) beigemengt werden, damit Sie beim nächsten Kauf im Supermarkt durch das *unterschwellige* Verlangen diese wieder gerne in Ihren Einkaufswagen legen, obwohl diese sie krank machen können und unterschwellig beeinflussen...)

Soll ich Ihnen beweisen, dass der Film Matrix kein Zufall war? Nehmen Sie etwas BLAUES in die Hand (Papier, Kuli, Stift) und machen Sie die (Delta-)Testreihe. Sie wirkt wie der Zucker *abbauend*, aber in den benannten Regionen Nase, Hinterkopf, Geschlechtsorgan *aufbauend*. Das ist die BLAUE PILLE. Die Pille der Unwissenheit im Film.

Und nun nehmen Sie etwas ROTES in Ihre Hand und machen den gleichen Test. Rot ist *aufbauend*. Man wird Ihre rechte Hand kaum herunterdrücken können. Aber in den genannten Zonen des Kopfes und Unterleib `abturnend`. Das ist die ROTE PILLE. Die Pille der Wissenden im Film.

Gehen wir einen Schritt *weiter:*

`*Rot, wie die Farbe der Liebe.* Kennen Sie diesen Ausspruch? Er wirkt. Denn Liebe ist **aufbauend**. Sehr aufbauend. *Wenn sie nicht zerstört wird...* Und deshalb wirkt sie in den benannten Regionen im Kopf abbauend, wo das *Urteilungsvermögen* sitzt und unsere Ängste.

Sex ist *abbauend*. Und wirkt wie der Zucker. Wird aber in den genannten Regionen im Gehirn und Unterleib als aufbauend *wahrgenommen*. Ein Orgasmus bringt einen danach `runter` – wie ein Stück Schokolade.

Der Test ist einfach. Denken Sie an Sex und machen die Tests. Denken Sie an Liebe und machen die Tests. Ist es Ihrer Meinung nach noch ein Zufall, dass unsere gesamte Umwelt auch in diesen Bereichen auf abbauende Strukturen aufgebaut ist in Werbung, Film und Medien (immer mehr Sex und Körperlichkeit)?

Dies verdrängt die stärkste physisch aufbauende Kraft in den Hintergrund: Die Liebe: Die größte Gefahr für das System! Nicht nur im Film Matrix, wo die Liebe der entscheidende Faktor über den Sieg der Maschinen ist, verbildlicht in *Trinity* und *Neo*. Als Neo schon tot war, war es Trinitys Liebe, welche ihn wieder zum Leben erweckte mit dem Ausspruch: `**Dies** *ist nicht wahr!*`

So wird der Faktor Sex (für `Verstand`/Geschlechtsregionen aufbauend / physisch abbauend) bewusst verstärkt und Untreue banalisiert, um den Faktor Liebe (physisch aufbauend` / Aber durch Ängste in uns in den genannten Regionen Kopf / Geschlechtsteil abbauend) klein zu halten oder dafür zu sorgen, dass jene Umwelteinflüsse, welche den *Sexualtrieb* ansprechen, *so* verstärkt werden, dass er die Liebe zerstört. Durch *Untreue, Verlangen, Begierde*.

Untreue, Verlangen, Begierde sind alles Faktoren, welche arbeiten wie der Zucker im Delta-Test. Sie werden in bestimmten Hirnregionen und natürlich im Unterleib als aufregend und *aufbauend* empfunden, aber wirken letztlich für den Körper *abbauend*.

So werden durch unsere Gesellschaft die *abbauenden Einflüsse* über die Industrie, die Werbung und die Medien verbreitet, um *so* weiter das gewünschte Ergebnis zu bekommen.

Leute, deren *Lieblingsfarbe Blau* ist, sind eher *Kopfmenschen*. Menschen, deren *Lieblingsfarbe Rot* ist, eher *Herz- und Gefühlsmenschen*. Auch wenn ihnen die Zusammenhänge nicht bewusst sind.

Durch *all* diese Komponenten soll eine `Revolution` (Matrix, Teil 3) schon im Keime erstickt werden, da Menschen, die Spuren der Wahrheit finden, durch diese Stoffe dazu veranlasst werden, sich lieber vor den Fernseher zu setzen und das nächste Fußballspiel anzuschauen. Und nach kurzen, `kritischen` Überlegungen zu dem Schluss kommen, dass Nichtstun doch die beste Lösung wäre, da es sowieso keine Verschwörung gibt und alles nur Geschichten von Verrückten sind. Oder es nur Ärger gibt. Die Inhaltsstoffe sorgen dafür, dass jene Menschen möglichst schnell `Revolutions-`Gedanken aufgeben und auch Abstimmungen über sich ergehen lassen würden, welche durch Volksabstimmung nicht möglich gewesen wären. Um sich so schnell wie möglich wieder `wohl zu fühlen`, verursacht durch die genannte `INVERSION`.

Wird ihnen dies bewusst (zum Beispiel Kenntnis über Hintergründe der Nahrungsmittelkontrolle und deren Auswirkungen), dann kann es durchaus sein, dass sich die Person anstelle für die blaue für die rote Pille entscheidet.

Und dies ist letztlich auch der Sinn und Zweck dieses Büchleins und der darin enthaltenen Aufdeckungen.

Kommen wir zum Ende des Kapitels. Was ist die Lösung? Wie können wir verhindern, dass wir weiterhin mehr physisch abbauende als aufbauende Dinge und Einflüsse in uns aufnehmen?

Die Lösung steht bereits unterschwellig in den Aussagen dieses Kapitels. Gewöhnen Sie sich an, beim Einkaufen immer in Gedanken den *Delta-Test* zu machen, mit dem ausgestreckten Arm, und den gewünschten Artikel gedanklich so zu testen (ist natürlich auch in der Praxis möglich, sieht nur etwas merkwürdig aus :-). So können Sie, wenn Sie wollen, in Zukunft nur noch vorzugsweise Dinge kaufen, welche aufbauend und nicht abbauend wirken.

Machen Sie den Test. So werden Sie ein Mineralwasser nicht mehr nur `über den Preis` kaufen, sondern weil es beim Delta-Test physisch aufbauend wirkt, während das günstigere vielleicht aufgrund gewisser Inhaltsstoffe abbauend wirkt.

Den selben Test können Sie auch in anderen Lebensbereichen anwenden. Er ist eine ständige Hilfe. Jetzt wissen Sie, was feinstoffliche Energien sind, *und ob sie existieren* ...

Ich nenne Ihnen nun ein paar Sätze, *wenn Sie ein Stück Zucker gegessen haben.* Die Antworten, wie der Delta-Test reagiert, werde ich Ihnen nicht geben. **Sie werden sie selbst finden.** Strecken Sie den rechten Arm aus und versuchen Sie, *wie immer, dagegen* zu halten, wenn jemand Ihren Arm herunterdrückt. Machen Sie den Test einmal, indem Sie nur den Worten lauschen und Ihr linker Arm `herunterhängt`, während Sie den rechten waagrecht von sich strecken. Und einmal, indem Ihre linke Hand *bei Vernehmung der Worte* Ihre Nasenspitze berührt:

Worte Nummer
... **(1)** Vertrauen Sie immer auf unser Staatssystem.

... **(2)** Vertrauen Sie *niemals* auf unser Staatssystem.

... **(3)** Verschwörungstheoretiker sind Verrückte.

... **(4)** Verschwörungstheoretiker haben manchmal Recht.

... **(5)** Liebe ist etwas Schönes.

... **(6)** No woman no cry.

... **(7)** Sex ist wichtiger als Liebe.

... **(8)** Treue ist wichtig.

... **(9)** George Bush ist ein guter Mensch.

... **(10)** George Bush ist ein Mörder.

... **(11)** Morgen ist auch noch ein Tag.

... **(12)** Ich erledige es sofort.

... **(13)** Die Bibel wurde nicht verfälscht.

... **(14)** Der Glaube an Gott ist wichtig.

... (15) Zucker beeinflusst mich nicht.

... (16) Zucker beeinflusst mich.

Vielleicht haben Sie Lust, eine kleine Pause zu machen und einkaufen zu gehen. Üben Sie dabei den Delta-Test. Ich sage bewusst *Delta-Test*. Wenn Sie diesen im Praktischen machen *mit* dem ausgestreckten Arm, dann nennt er sich Delta-*MUSKEL*-Test. Wenn Sie ihn aber *gedanklich* machen können, *OHNE* dass Sie dazu noch den Arm als Hilfestellung ausstrecken müssen in der `Außenwelt`, dann nennen wir ihn *nur* `DELTA-TEST`. Gut. Dann gehen Sie in die Praxis. Denn dies ist Ihre Lektion für heute.

Der 5.Hinweis: Andersherum / Innen

5. Kapitel: Der Traum wird zur Realität

Erinnern wir uns an den 1. Delta-Muskel-Test des vorangegangenen Kapitels. Man denkt an etwas *Wunderschönes*, und der Arm lässt sich nicht herabdrücken. Man denkt an etwas *sehr Trauriges*, und der rechte Arm lässt sich herabdrücken. Ich betone: `man denkt`.

Man braucht also keinen Zucker oder sonstiges, um hier eine Veränderung hervorzurufen, sondern lediglich einen Gedanken. Nun machen Sie noch einmal den ersten Test mit der linken Hand an der Nasenspitze. Was fällt Ihnen auf? Sie bekommen so *grundsätzlich* das **gegenteilige** Ergebnis. Aus `Plus` wird `Minus` – aus `Gut` wird `Böse`, aus `Ja` wird `Nein`...

Dies geschieht ebenso, wenn wir den Test mit der linken Hand an den anderen im vorangegangenen Kapitel benannten Stellen durchführen (Hinterkopf, Geschlechtsteil).

Es geschieht hier also eindeutig etwas in unserem *Inneren*. Durch unsere *Gedanken*. Unabhängig, ob Lebensmittel und Stoffe wie zum Beispiel der genannte Zucker eine Inversion (Umkehrung) herbeiführen. Man muss sich diese Tragweite nochmals bewusst machen! Zucker ändert unsere Denkweise und unsere damit verbundene Physis. In Indien tragen die gläubigen Frauen einen roten Punkt auf der Stirn zwischen den Augen. Dies soll das `Dritte Auge` darstellen. Es wird als *jener* Bereich bezeichnet, der an unserem Körper der zentrale Punkt für `übernatürliche` Fähigkeiten und `Sitz der Seele` bezeichnet wird. *Dies ist der Punkt*, an welchem man angeblich **die größte Energie** aufbringt für alle genannten Wahrnehmungen wie Telepathie, bildliche Gedankenübertragung sowie das Empfangen von Botschaften und Bildern.

Dies ist jener Bereich, auf welchen man sich *gedanklich* konzentrieren sollte, wenn man in diese Sphären *vordringen* beziehungsweise solche Techniken mit Erfolg *anwenden* möchte.

Doch warum habe ich jenen Bereich genannt in Zusammenhang mit dem Delta-Test? Im vorigen Kapitel *haben wir eindeutig festgestellt*, dass jener Bereich zwischen den Augen auf der Stirn (Das Dritte Auge) **zusammen mit der Physis** reagiert, und nicht wie die anderen Regionen im Bereich des Hinterkopfes und der Nase, welche gegenteilig reagieren!

Die erste Schlussfolgerung, die wir daraus ziehen können, ist jene, dass Stoffe wie Zucker also *nicht nur* unsere Physis lahm legen, sondern auch *jene* Region, welche die von der `Wissenschaft` als Blödsinn abgetane `Basis` für übersinnliche Wahrnehmungen ist.

Ich habe aber bewusst die *Bildliche* Telepathie von der *Sprachlichen* getrennt. Alles, was Sie in Bildern denken und empfangen, wird in der Region des `Dritten Auges` wahrgenommen. Man sollte es auch wirklich wörtlich als *Drittes Auge* betrachten, und *nicht* als `Drittes Ohr`. Denn für all jene Wahrnehmungen, welche wir an **Sprachlichem** empfangen (Gedanken, Botschaften), ist eine andere Region zuständig. Sie können einen Selbsttest machen, indem Sie in sich gehen. Sie werden feststellen, dass Ihre *Sprach*-Gedanken `von weiter hinten` kommen. Um genau zu sein, liegen diese rechts und links hinter den Ohrbereichen. Und ausgerechnet diese Bereiche (!) sind, außer der Region des `Dritten Auges`, die **Einzigen** am Kopf, welche beim Delta-Test entgegengesetzt zu den anderen Kopfbereichen reagieren (!), im Einklang mit der Physis!

Sie können dies feststellen, wenn Sie die Testreihen des vorangegangenen Kapitels im Ohrbereich machen. Sie werden zu den gleichen Ergebnissen kommen wie zwischen den Augen an der Stirn (dem Dritten Auge).

Und dies bedeutet, auch diese Regionen werden durch Stoffe wie Zucker lahm gelegt und umgepolt.

Wenn ich etwas *lahm lege*, funktioniert es nicht mehr. So wie im vorigen Kapitel nachweislich unsere `Abwehr` lahm gelegt wurde durch inversive Stoffe (`sich in dem *Nichtstun* wohler fühlen, als aufzustehen`), funktioniert dies auch beim `Dritten Auge` und der so genannten `Hellhörigkeit` und ihren Zonen in unserem Kopf. Sie werden, so weit es nur geht, ausgeschaltet.

Nun gibt es für dieses `Ausschalten` aber auch noch *andere* Möglichkeiten, wobei wir wieder bei dem Thema niederfrequente ELF- und VLF-Wellen angekommen wären.

So gibt es beispielsweise eine sehr reale Forschung an `White Noise`- und nicht wahrnehmbaren (für den Verstand) Hintergrund-Beeinflussungen, welche Sie dazu verleiten sollen, Dinge zu kaufen, welche Ihnen in Werbung (Fernsehen, Rundfunk) angepriesen werden.

Wir haben im letzten Kapitel festgestellt, dass auch Farben unterschiedliche Gemütsregungen hervorrufen können, messbar ebenfalls durch den Delta-Test und dem `Denken` an eine bestimmte Farbe. Dabei geht es letztlich immer darum:

Wie wirkt eine Farbe auf den *Verstand*. Und was verbinden wir damit. So bringen wir automatisch mit *Grün* Natur und Umwelt in Verbindung. Mit *Blau* Frische, Kühle, Wasser. Mit *Rot* Liebe, Herzlichkeit, Wärme – um nur ein paar Beispiele zu nennen. Will ich nun also ein bestimmtes Produkt verkaufen und eine bestimmte Message herüberbringen, mache ich dies durch diese *Schlüssel*-Informationen für unseren Verstand. Dieser sucht bei der Betrachtung wieder Bilder, welche er damit verbindet. *Schwarz* ist übrigens für unser Unterbewusstsein eine Schlüssel-Verbindung zu Suggestionen wie Macht, `Zu etwas aufschauen`, Unbehagen, Schlecht – gleichzeitig aber auch Edel, Stil, Größe. Diese Kombination bewirkt, dass wir Politiker in schwarzen Anzügen zum Beispiel *ernster* nehmen als Politiker in `grünen Anzügen` oder `roten Anzügen`. All diese Forschungen und Dinge werden benutzt, um Sie zum Käufer zu machen oder auch zu Ihren Politikern aufzuschauen, anstelle ihnen den `Hintern zu versohlen`.

Mit dieser kleinen Einleitung gehen wir nun in das Fünfte Kapitel mit dem Titel `Der Traum wird zur Realität`.

Vorige Aussagen bedeuten allerdings nicht, dass es keine Außerirdischen gibt. Das Mind-Control-Regierungsopfer Cathy O´Brien gab an, dass angeblich außerirdisches Material auch mit dem Namen `*Triangular*-Material` bezeichnet wurde. Der Indianer Robert Morningsky, welcher seine Kindheit in einem Reservat in New Mexiko verbrachte, in dessen Nähe ein außerirdisches Raumschiff abgestürzt sein soll (nicht der Roswell-Fall), hatte dort `angeblich` physische Erfahrungen mit einem Grey, der den Absturz überlebte und sich einige Monate bei den Indianern aufhielt. Als Morningsky in Aufzeichnungen die Verbindungen hinter den Weltgeschehen zu *jenen* Gruppen herstellte, welche der Weltverschwörung angehören, und diese Erkenntnisse einem deutschen Autor schickte, wurde ein Mordanschlag auf ihn verübt, den er zum Glück überlebte. Er wurde von einem Auto überfahren. Seitdem hält er sich bedeckt und hält kaum noch Vorträge.

Morningsky behauptete jedenfalls, dass viele Firmen und Einrichtungen, welche den Wortlaut `*Tri*-` (deutsch: `drei-`) in ihrem Namen haben, auf eine außerirdische Verbindung schließen lassen. Als Beispiel nannte er die Filmfirma `*Tri-Star*`, welche sich fast ausschließlich mit Themen unterschwellig aufklärender Art beschäftigt. Glauben Sie, nach all den Wahrheiten, die ich Ihnen bislang erzählt habe, dass es ein `Zufall` ist, dass die Weltverschwörer ein Symbol in Dreiecksform (Die Pyramide) verwenden: englisch `triangle` (Tri-*angle*)...

Verstehen Sie: Tri-`*Angel*`.

Cathy O'Brien sagte, in gewissen Kreisen würden man Worte nicht in ihrer Schreibweise sondern bewusst ihn ihrer Lautweise deuten, um Dingen eine andere versteckte Bedeutung zu geben, ohne das Dritte es bemerken. Dies würde aus Tri-Angle `TRY ANGEL` machen, sprich inhaltlich: Vertraue den Engeln. Waren die Engel Außerirdische? Was sagt Ihnen hierzu Ihre Intuition?

Warum der Delta-Test funktioniert, ist die eine Sache. Die andere ist sein Name. Der zufälligerweise ebenfalls nicht von mir ist. *Delta* bedeutet nämlich übersetzt `*drei*eckig`.

Es gibt Außerirdische, die aussehen wie Sie und ich. Dies stelle ich als Behauptung in den Raum. Diese könnten im Anzug neben Ihnen im Café sitzen, und Sie würden sie nicht bemerken. Der Grund liegt darin, dass der Ursprung der Menschheit nicht auf dem Planeten Erde liegt. Er (der `Samen der Menschheit`) ist hier niedergegangen. Sicherlich. Doch ebenso in anderen Regionen des Universums.
Viele Planeten sind in etwa dem astronomischen Alter wie unsere Erde. Andere sind Milliarden Jahre *älter*, wenn Sie wissen, worauf ich hinaus will. Manche menschliche Wesen sind vielleicht auch unsere Nachfahren. Sprich Zeitreisende. Ist hier vielleicht der Kern der biblischen Geschichten zu finden?

Doch wir waren bei dem Wort `Tri`... Ist es ein Zufall, dass Matrix eine *Tri*-logie ist (englisch `trilogy`) und der `Herr der Ringe` ebenfalls? Vergessen Sie nicht: Es geht in den meisten Fällen um `*unterschwellige* Botschaften`. Ich weiß, ich bin gemein. Dann beende ich diese Anwandlungen mit der Bemerkung, dass *Tri*-nity zu Neo sagte: `*Du findest die Wahrheit in deinen Träumen*`...

Wie Sie bereits feststellen konnten, habe ich Ihnen immer wieder Hilfsstützen (`Stützräder`) gegeben, damit Sie es in der Praxis leichter haben, die Anwendungen auszuführen – und zu überprüfen... Zuletzt den Delta-*Muskel* Test. Um so an den Delta-Test heranzukommen. Auch bei diesem nächsten Schlüssel will ich Ihnen eine visuelle Stütze geben, damit Sie an Ihr Ziel kommen. Da es sich diesmal um Träume und Visionen handelt, ist die Stütze kein *Muskel*test, sondern ein Hologramm, das ich Ihnen in Ihren Kopf setze. Bitte folgen Sie mir. Wir betreten einen gemütlich eingerichteten Raum. In ihm befindet sich ein naturfarbener Holztisch. Er ist etwas länger als breit. Um diesen stehen einige naturfarbene einfache Holzstühle. Auf jeder Seite einer. Die Wand ist aus getäfeltem Holz. Vermutlich befinden wir uns in einer Holzhütte. Es ist angenehm warm, und das Licht ist nicht zu hell. Ich fordere Sie nun auf, auf dem Stuhl vor der linken, längeren Seite des Tisches Platz zu nehmen. Außer uns ist niemand im Raum. Ich werde diesen Raum jetzt verlassen.

Eine junge Frau betritt nun das Zimmer. Sie ist schlank, hat dunkle, kurze Haare und trägt eine dunkle Sonnenbrille. Sie lächelt Ihnen von der Tür aus zu, schließt diese von innen und setzt sich Ihnen gegenüber an den Tisch. Sie blickt Sie *lächelnd* an. Ohne etwas zu sagen. Dann nimmt sie ihre Sonnenbrille ab und schaut Ihnen direkt in die Augen. Es ist Trinity. Sie erkennen in ihr sofort *jene* Person, welche Sie aus den Matrix-Filmen kennen. Sie hat ihre Hände auf dem Tisch und faltet diese wie zum Gebet, während sie Sie anschaut. Sie trägt eine schwarze Jacke, welche Sie ebenfalls schon einmal in den Filmen gesehen haben, eine schwarze Hose und schwarze Schuhe. Ich habe Trinity gebeten, Ihnen den *Sechsten Schlüssel* zu erklären, denn es hat seinen Sinn. Ich werde sie nun mit ihr alleine lassen und erst wieder zurückkommen, wenn Trinity das Treffen beendet. Auf Wiedersehen. Bis später ...

Der 6. Schlüssel:

Hallo. Du hast mich bereits erkannt. Ich bin Trinity. Danke, dass Du gekommen bist. Ich werde Dir heute den sechsten Schlüssel erklären. Du musst gut zuhören. Es gibt nicht viele auf Deinem Planeten, die diese Tür öffnen konnten. Und es wird nicht immer leicht sein. Doch ich will Dir helfen. Siehst Du meine Hand, wenn ich sie Dir entgegenstrecke? Fasse sie an. Du spürst meine Haut. Den Ärmel meiner Jacke. Das Material, wenn Du darüber fährst.

Ist es nicht so? Vielleicht sehe ich in Wirklichkeit so aus. Vielleicht habe ich dieses Aussehen auch nur angenommen, damit Du mich erkennst. Wenn es Außerirdische gäbe, was glaubst Du, auf welche Weise sie mit Dir Kontakt aufnehmen würden? Glaubst Du, sie würden in Deinem Garten landen und sagen: `Hallo, hier sind wir also`? Hätten sie nicht andere Möglichkeiten, mit Dir in Kontakt zu kommen? Möglichkeiten, die Ihr vielleicht noch nicht habt. Was denkst Du darüber?

Vielleicht ist dies nur ein Hologramm. Ausgelöst durch eine Buchseite. Das ist jetzt nicht wichtig. Wichtig ist das, was ich Dir jetzt zu sagen habe. Und das Du mich siehst. Du bist schon einige Jahre auf diesem Planeten. Nach Deiner Kindheit hast Du Dich hauptsächlich um die normalen Sorgen des Alltags gekümmert. Doch Du hast Fragen. Und deshalb bist Du hier. Siehst Du, wie ich mich zurücklehne. Und wieder nach vorne komme? Warum geht das? Du hast mich die ganze Zeit lächeln sehen. Gib es zu. Woher weiß ich das, wenn dies nur eine Buchseite ist? Vielleicht sollte ich Dir erst einmal etwas bewusst machen. Bewusst machen heißt, etwas ins Gedächtnis rufen.

Ich bitte Dich, alle Tests zu machen, die ich Dir auftrage. Denn sonst wirst Du die Wahrheit nicht sehen und den Sechsten Schlüssel nicht finden, um die Tür zu öffnen!

Schließe Deine Augen für einen Moment. Was siehst Du? Ich sage Dir, was Du nicht siehst: Du siehst keine Dunkelheit. Dort, wo eigentlich nur Schwärze sein sollte, siehst Du weiße Punkte. Wenn ich Dir sage, Du siehst rot, dann siehst Du rot. Wenn ich Dir sage, Du siehst gelb, dann siehst Du gelb. Hast Du Dich nie gefragt, wie das geht, wo Du doch Deine Augen geschlossen hast? Sieh genau hin. Du siehst aber nicht nur weiße Punkte in der Dunkelheit. Wenn ich Dir sage, dass die weißen Punkte so strahlend werden, dass sie Dich blenden, dann werden sie Dich blenden. Sieh selbst.

Beobachte es eine Weile. Ja, Du hast Recht. Es sind nicht nur Farben zu erkennen, sondern auch Strukturen. Wenn ich Dir sage, dass sich ein dunkler Balken von links unten nach rechts oben zieht, dann zieht sich dieser Balken von links unten nach rechts oben. Achte auf den Hintergrund. Versuche, durch die weißen Punkte hindurchzuschauen. Dann kannst Du ihn sehen. Siehst Du ihn? Lass Dir Zeit.

Es gab in Deiner Zeit einmal ein Buch. Es hieß das `magische Auge`. Es hat nach dem selben Prinzip funktioniert. Man musste durch die Buchseite schauen. Wenn man sich entfernt hat, ohne den Blick zu verändern, sah man auf der Bildseite plötzlich ein zweites Bild, welches erst dann hervor kam. Versuche folgendes. Schaue durch die weißen Punkte hindurch, aber versuche gleichzeitig das wahrzunehmen, was mit den weißen Punkten weiter vorne geschieht. Mach es! Du kannst diesen Vorgang verstärken, in dem Du das Licht ausmachst für einen Moment.

Dieses Buch hat nur einen Sinn, wenn Du seinen Anweisungen folgst.

Ansonsten ist es nur bedrucktes Papier mit ein paar Sätzen und Absätzen darauf. Doch Du machst es lebendig. Du bist der Katalysator. Du siehst mich. Du siehst das Zimmer. Du siehst den Holztisch. Du bist nicht als Sklave geboren. Auch wenn Dir dies das System einredet. Du bist viel mehr. Doch Du hast Dein Leben selbst reduziert auf den kleinsten Nenner. Du bist Teil des Systems geworden. Du hast die Schule besucht. Die Schule des Systems. In dem man funktionieren muss. Wie eine Maschine. Doch Du bist keine Maschine.

Das System ist Dir zuwider. Dieser unterbewusste Gedanke hat Dich auch zu diesem Buch geführt. Und zu unserem Treffen.

Was kommt Dir in den Sinn, wenn Du Deine Augen schließt, diese Helligkeit wahrnimmst, so wie nun den roten Punkt in der Mitte? Du bist nicht wirklich allein, oder? Du weiß es nicht. Aber Du ahnst es. Ich mache Dir etwas anderes bewusst:

Lass Deine Augen offen. Wann siehst Du Bilder und in welcher Intensität? Eine blöde Frage? Was ist jetzt gerade – in diesem Moment? Deine Gedanken – Du siehst momentan neben der von Dir als `Realität` wahrgenommenen Welt unterschwellig noch mehr Bilder. Mich und das Zimmer.

Ist dieses deshalb weniger real? Du wirst mir zustimmen: nein. Sie sind so real, wie Du und ich es sind. Aber sie sind unterschwellig. Das heißt, ihre Intensität ist wie ein Wasserzeichen. Es arbeitet im Hintergrund. Stell Dir nun in Gedanken Deine große Liebe vor.

Ich habe gesagt, Deine große Liebe!

Ich weiß, dass Sie nun vor Dir steht und Du in Ihr Gesicht siehst. Doch es ist nicht sie. Es ist ein Abbild von ihr. Stell Dir nun vor, Deine große Liebe sagt Dir, wie sehr sie Dich liebt, und stell Dir vor, Sie überreicht Dir einen Strauß roter Rosen.

Ist das nicht schön? Du erschaffst Deine eigene Realität, während wir hier miteinander kommunizieren. Du kannst Deine große Liebe hingehen lassen, wo Du willst, Sie anziehen und ausziehen, mit ihr Essen gehen und sogar streiten. Und all dies, was Du Dir vorstellst, geschieht – in einem Film, der vor Dir abläuft in der Intensität eines Wasserzeichens. Aber es geschieht. `Real`.

Dies führt uns zu der Frage: `Was ist `real`?`

Ist nur das real, was Du siehst, wenn Du diese Buchseite anschaust? Oder ist der wasserzeichenhafte Film im Hintergrund, in dem Deine große Liebe eben die Hauptrolle spielte, nicht auch real? Denn es geschah ja. Du sahst sie ja. Und sie machte auch alles, was Du wolltest.

Vielleicht verstehst Du, worauf ich hinaus will. Dieser Film im Hintergrund ist genauso Realität wie die Buchseite, welche Du eben anstarrst.

Machen wir einen Test. Gleich schnippe ich mit dem Finger, und dann siehst Du weder das Zimmer, in dem wir sitzen, noch den Tisch, noch mich. Du wirst mich nur noch hören, als Stimme in Deinem Kopf. Das einzige, was Du sehen wirst, ist eine Buchseite mit Schrift. Jetzt! Kannst Du mich hören? Ich bin in Deinem Kopf. Ich spreche mit Dir. Hallo! Hallo! Hallo! Ich spreche mit Dir! Aber wo ist das Zimmer? Es ist `weg`. Überall Schrift. Und doch hörst Du mich. Hallo! Hallo! Hallo! Achtung(!):

Hier sind wir wieder in dem Zimmer. Ich sitze Dir wieder gegenüber. Das selbe Zimmer. Der selbe Raum. Das heißt, Du kannst Gedanken und Worte auch hören, ohne ein Bild zu sehen. Anderes Beispiel. Denke nun einen Satz, über den das System seine wahre Freude hätte: `Was für ein scheiß Leben!`

Und? Du hast nur die Worte gehört. Ohne Bild. Es ist also nicht zwingend notwendig, Bild und Worte gleichzeitig wahrzunehmen. Und nun die alles entscheidende Frage: Was sind Deine Träume?

Ich frage Dich etwas anderes: Was ist Deine Realität? Vereinfacht ausgedrückt: Eine Plattform, auf der Du handeln kannst, Erfahrungen machst.

Und was sind Deine Träume? Ebenfalls eine Plattform, auf der Du handeln kannst und Erfahrungen machst.

Da Deine Gedanken real sind, Deine Bilder, welche Du siehst, wenn ich Dir ein Foto von Neo zeige, wie jetzt – sind auch Deine Träume real. Eine andere Realität. Du verarbeitest auf dieser Plattform Deine Alltagserfahrungen, Deine Wünsche, Träume, Sehnsüchte und Ängste.

Oh. Du bist enttäuscht? Warum? Du kannst auf dieser Plattform alles machen, was Du in Deiner normalen Realität nicht kannst: Fliegen, zehn Meter in die Luft springen, durch eine Wand laufen, von London nach New York im Bruchteil einer Sekunde reisen. Du kannst dort nicht mal sterben.

Gehen wir unter diesen Eindrücken und Gesichtspunkten zurück in unsere Träume, die wir nachts durchleben, sehen, fühlen, hören, riechen. Dann sind sie real. Oder? Auf eine gewisse Weise. Denn wir haben sie ja. Sehen sie. Durchleben sie. Was unterscheidet die Träume von unseren Gedankenfilmen, wo Du mich jetzt siehst, und unserer `Realität`, in welcher Du dieses Buch siehst?
All diese Realitäten, jene, in welcher Du das Buch siehst, jene, in welcher Du mich siehst, jene, in welcher Du landest, wenn Du träumst, und jene, welche Du sehen und beeinflussen kannst, wenn Du die Augen schließt, sind miteinander verbunden. Und zwar durch Dich...

Schaue dieses Buch an. Bleiben wir bei dieser `Realität`. Du nimmst in jener Dinge verschieden wahr. Einige Eindrücke verblassen, andere wirst Du bis zu Deinem körperlichen Tod in Dir tragen. Sie BRENNEN sich regelrecht in Deine Matrix. So wirst Du immer wissen, was Du gerade gemacht hast, als Du zum ersten Mal die Meldung über die Einschläge ins World Trade Center gehört und sie gesehen hast. Diese Nichtigkeiten wurden mit eingebrannt, um ein anderes Ereignis festzuhalten.

Man spricht in solchen Fällen von bis zu 44-fach erhöhter Wahrnehmungsfähigkeit. Doch diese erhöhte Wahrnehmung gibt es auch in den anderen genannten Realitätsebenen. Nehmen wir Deine Träume. Du würdest lügen, wenn Du behauptest, Du könntest Dich an alle erinnern. Nein. Du kannst Dich an einige erinnern. Nicht an alle. Und zwar an jene, die wichtig waren! Jene, welche Du mit einer erhöhten Wahrnehmungsfähigkeit aufgenommen hast. Sie haben sich genauso eingebrannt, wie das Attentat auf das World Trade Center.

Also muss an diesen etwas Besonderes gewesen sein. Etwas, das sie unterscheidet. Vielleicht haben Sie Dich besonders erschreckt. Das ist eine Ursache. Denn aus demselben Grund hast Du Deine Handlungen rund um das Attentat auf das WTC in Dir. Und es soll Dir verdeutlichen, dass es nach demselben Prinzip geschieht.

Vielleicht, und das ist eine andere Möglichkeit, wurden sie real. Jeder Mensch weiß intuitiv, welche Träume real werden und welche nicht. Wenn Du morgens aufwachst, und Du hast etwas geträumt, dass real wird, dann nimmst Du diese Träume mit einer erhöhten Wahrnehmungsfähigkeit wahr. Wie ich das beweisen will? Ganz einfach: Wenn es nicht so wäre, würdest Du im Nachhinein ja nicht wissen, dass diesem Erlebnis ein Traum vorangegangen war, der das gleiche Erlebnis beinhaltete... Denn Du hast ja vorhin selber gedacht, dass die meisten Träume morgens nicht mehr greifbar sind.

Es gibt noch andere Gründe, warum sich Träume mit einer erhöhten Wahrnehmungsfähigkeit in unsere Matrix brennen. Zum Beispiel Warnungen!

Oder wenn Sie zum Beispiel keine Träume sind. Sondern ein Kontakt!

Allerdings kann auf diese Erfahrungen nicht jeder zurückgreifen. So wie in Euren Zwanziger Jahren auch nicht jeder ein Radio hatte.

Es ist absoluter Blödsinn, zu glauben, dass Träume immer eins zu eins die Realität ankündigen, in welcher Du dieses Buch siehst. Leute, die dies behaupten, sind Scharlatane. Wie sollten Traumelemente, in welchen Du fliegen kannst, oder längst Verstorbene wieder leben, so einfach in Deiner Buch-Realität auftauchen und möglich sein?

Oft brennen sich aber auch Träume in Deine Matrix, von denen Du jahrelang nicht weißt, was das soll und warum. Bis vielleicht fünfzehn Jahre später die Auflösung kommt.

Alles dies war wichtig. Aber alles dies war nicht der sechste Schlüssel. Ich sagte Dir ja: Ich will Dir etwas bewusst machen.

Natürlich waren nicht nur die Worte und Angaben auf dem Papier wichtig, sondern auch jene Vorgänge und Bilder, welche ich in Dir ausgelöst habe mit ihnen.

Wir kommen nun zum sechsten Schlüssel. Weißt Du, was Komplementärfarben sind? Ich werde es Dir erläutern. Die Komplementärfarbe von

Schwarz	ist	Weiß
Blau	ist	Orange
Rot	ist	Grün
Weiß	ist	Schwarz
Gelb	ist	Violett

Je nach Intensität und Zusammensetzung der Farbe (hellblau/dunkelblau) verschiebt sich auch die Komplementärfarbe entsprechend, so dass aus Orange Gelb, oder in einem anderen Beispiel aus Braun Rot oder Blau Violett wird. So treffen in der Regel mehrere (Übergangs-) Farben (Nuancen) zu, wenn man nur den Oberbegriff einer Farbe nennt.

Um nicht ständig bei den nachfolgenden Beispielen alle Nuancen aufführen zu müssen, und der Frage `Ist ein Eidotter nun gelb oder orange?` aus dem Weg zu gehen, werde ich mich also auf je eine Farbnamensgebung beschränken, damit es nicht zu kompliziert wird.

Der Begriff `komplementär` (lat. complere = ausfüllen) ist eine philosophische Bezeichnung für Gegensätze, die einander nicht ausschließen, sondern sich gegenseitig ergänzen. Jeweils zwei gegensätzliche Aspekte eines Gegenstandes ausdrücken.

Ich werde Dir zeigen, wie dies funktioniert. Nimm ein blaues Blatt und halte es dicht vors Gesicht. Schaue nun etwa 60 Sekunden nur auf dieses Blatt. Danach schließt Du die Augen. Du wirst weiterhin die Umrisse des Blattes vor Dir sehen. Aber nicht in Blau, sondern in Orange.

Mache den gleichen Test mit einem gelben Blatt. Du wirst danach ein violettes Blatt sehen, wenn Du die Augen schließt, bei einem roten ein grünes, und so weiter...

Erinnere Dich an unseren kleinen Test, wo ich Dich bat, die Augen zu schließen und wahrzunehmen, was Du siehst. Es waren weiße Punkte, Farben, Strukturen. Aber kein undurchdringliches Schwarz. Warum? Warum hast Du in diesem `Schwarz` zu allererst `Weiß` wahrgenommen. Probiere es nochmals, damit Du verstehst, was ich meine.

Siehst Du, es ist hell und weiß. Verschieben wir die Frage des `Warum` um einen Moment. Ich habe Dir gezeigt, dass Du, wenn Du in Deiner Realität, in welcher Du dieses Buch siehst, intensiv über mindestens 60 Sekunden ein blaues Blatt anschaust, auf jener Ebene, welche Du siehst, wenn Du die Augen schließt, immer die Komplementärfarbe siehst, in diesem Fall Orange.
Wichtig ist, dass hier eine Umwandlung stattfindet. Nimmt Deine Realität, in welcher Du dieses Buch liest, als Dimension an, und jene, in welcher Du diese Strukturen und Farben siehst, wenn Du die Augen schließt, auch (auch wenn dies nicht ganz richtig ist), dann wären Deine Augenlieder das Tor.

Es geht nicht darum, ob dies stimmt, sondern dass das Prinzip stimmt, damit es für Dich verständlich wird.

Machst Du die Augen auf, bist Du in der einen Realität, machst Du sie zu, in der anderen. Doch. Es geschieht etwas. Aus Schwarz wird dort Weiß, aus Blau Orange, aus Rot Grün, aus Gelb Violett… Und umgekehrt… Denn die Komplementärfarbe von Orange ist logischerweise Blau, und von Weiß Schwarz.

Ich habe Dich vorhin gebeten, auf der Ebene mit den geschlossenen Augen durch diese weißen Punkte hindurch zu sehen, um den schwarzen Stab zu sehen, welcher von links unten nach rechts oben hinter diesen zu erkennen war. Erinnere Dich.

Du wirst diese weißen Punkte unter anderem auch finden können, wenn Du die Augen für 15 Minuten schließt. Es hat also nichts mit dem Moment zu tun, wenn Du die Augen zumachst. Jenen Effekt, der mit dem Schließen der Augen zusammenhängt, kannst Du messen. Indem Du zum Beispiel ein blaues Blatt anschaust, die Augen schließt und wartest, bis das nun orangene Blatt verschwunden ist.

Was siehst Du genau, wenn Du die Augen schließt? Du siehst einen schwarzen Hintergrund und weiße Punkte im Vordergrund.

Ich sage Dir, was die weißen Punkte bedeuten. Ich werde es zuerst als Behauptung in den Raum stellen und es Dir im Anschluss erklären.

Die weißen Punkte sind eine Reflexion. Sie sind eine Komplementärfarbe. Eine Komplementärfarbe des schwarzen Hintergrundes. Es ist der selbe Effekt, den Du wahrnimmst, wenn Du 60 Sekunden in Deiner Realität, in welcher Du dieses Buch siehst, auf ein blaues Blatt schaust, die Augen schließt und dann dort weiterhin die Umrisse des Blattes erkennst, allerdings jetzt in Orange. Es ist also eine Reflexion des Blattes auf diese Wahrnehmungs- und Dimensionsebene, welche Du eindeutig sehen und anschauen kannst. Genau wie die weißen Punkte vor dem schwarzen Hintergrund.

Doch wenn dieses Weiß dort eine Komplementärspiegelung des Schwarzes im Hintergrund ist, was bedeutet dies? Schließlich ist sie ständig da und nicht nur wenige Sekunden oder Minuten…

Es ist ein Dimensionstor. Wo ebenfalls wieder die Farben in ihre Komplementärfarben zerlegt werden. Was für eine Dimension? Was machst Du, wenn Du Dich abends schlafen legst? Du schließt die Augen und bist plötzlich in einem Traum. Das Schwarz im Hintergrund, welches Du durch die Reflexion der Komplementärfarben als Tor erkennen kannst, ist diese andere Dimension. Dort geht Dein Geist hin, wenn Du im Traumzustand bist.

Jene Ebene, welche Du siehst, wenn Du die Augen schließt, ist eigentlich keine Dimension. Es ist nur die Schleuse, wenn Du so willst. Du siehst in ihr sowohl die Reflexionen aus Deiner Dimension (Das orangene Blatt, welches aber eigentlich blau ist in Deiner Realitätsebene, in welcher Du dieses Buch anschaust), sowie, in der Ferne, auch die Reflexionen des anderen Eingangs. Das Weiß verschwindet nicht wie das orangene Blatt, weil Du direkt gegen diese Schleuse schaust, die uns alle umgibt.
Würdest Du, theoretisch, ein Wesen andersartiger Dimensionalität sein und vom anderen Schleuseneingang zu uns herüberschauen, so würdest Du ebenfalls eine dauerhafte Komplementärfarbenspiegelung sehen.

Wenn Du die Vorgänge mit geschlossenen Augen auf dieses Dimensionstor betrachtest über mehrere Minuten, dann siehst Du Farbveränderungen, bunte Lichter, Strukturen und mehr. Dies sind alles Reflexionen, welche aus dieser Ebene stammen und die Du anschaust, obwohl Du den Verursacher nicht erkennst.

Du kannst aber auch selber in dieser Schleuse Dinge beeinflussen. Ich habe es Dir mit dem schwarzen Stab demonstriert, oder mit dem roten Punkt in der Mitte. Dies bedeutet, es ist keine feste Mauer, sondern ein `Durchgang`. Denn Du kannst bereits nur, indem Du die Augen schließt, Dinge beeinflussen, welche Du normalerweise nur im Traum beeinflussen kannst. Aber es ist trotzdem nur eine eingeschränkte Handlungsmöglichkeit. Möchtest Du die ganze, dann musst Du Dich hinlegen und einschlafen. Und somit dort hinüber gehen.
Ich denke, das ist ein annehmbares Gleichnis, mit dem man arbeiten kann, wenn man daran glaubt, ob es nun im Detail so stimmt oder auch nicht. Das ist in diesem Stadium unwichtig.
Dieser Übergang muss fließend sein. Denn sonst könntest Du in jener Dimensionsebene, welche ich als `Wasserzeichenwahrnehmung` beschrieben habe, und die es Dir ermöglicht, mich in diesem Moment an einem Holztisch mit Dir zusammen wahrzunehmen, nichts beeinflussen. Und das Leben besteht aus Beeinflussung und Veränderung. In allen Dimensionen. Ohne diese Möglichkeiten kein Leben.

Das klingt alles sehr phantastisch für Dich. Ich gebe es zu. Aber es liegt ganz alleine an Dir, meine Worte zu verwerfen und an die Aussagen Deiner Wissenschaftler zu glauben, welche in Dir nur eine zufällig in die Welt geborene Maschine sehen, die aufgrund elektrischer Hirnimpulse lebt, ohne einen Gott und eine Welt dort draußen.

Glaube ist der erste Schlüssel. Erinnere Dich an ihn zurück. Der Placebo-Effekt würde nicht funktionieren, wenn das stimmt, was sie Dir als Realität einbläuen. Vergiss das nie.

Und womöglich ahnst Du auch den Grund, warum sie den Menschen auf ein paar elektrische Prozesse und ein Zufallsprodukt der Natur zurückstufen. Denn wer daran glaubt, ist der beste Arbeitssklave. Er wird sich nicht mit übersinnlichem Quatsch beschäftigen und einer langen Sinnsuche. Er wird versuchen, hier zu funktionieren, wo er `gebraucht` wird. Bevor er für immer stirbt und für immer weg ist. Warum die wenige Zeit, die man hat, noch mit unnützen Gedanken vergeuden, welche einem nur Lebenszeit stehlen, die man in der Fabrik und bei einem Drink mit dem Chef besser verwenden kann? Ist die biologische Uhr einmal abgelaufen, dann ist es vorbei. Man stirbt. Und alles, was man zu Lebzeiten gelernt hat, geht verloren.

Glaubst Du das? Willst Du das glauben? Ist es das, wofür Du leben willst? Eine Maschine zu sein? Die mit sieben Jahren eingeschult wird, mit achtzehn Jahren in die Fabrik kommt? Und mit sechzig oder bald fast siebzig Jahren aussortiert wird? Ist das nicht die wahre Lebensverschwendung?

Hör auf, darauf hereinzufallen. Du wolltest die Rote Pille. Nun leb damit!

Keiner hat gesagt, dass das, was Dir durch sie vermittelt wird, leicht verdaulich ist. Leicht zu akzeptieren. Doch wäre die Wahrheit so nahe an eurer gängigen, euch gelehrten Wissenschaft, dann würden sie zu viele Sklaven entdecken.

Wach auf! Ich gebe Dir ein Beispiel! Hast Du nach dem Attentat auf das World Trade Center das Video gesehen, in welchem Osama Bin Laden unterstellt wird, er habe es darin eingestanden? Es wurde an den entscheidenden Stellen falsch übersetzt. Doch das meine ich nicht. Kennst Du das ganze Video? Osama Bin Laden redet dort mit seinen Anhängern in der ersten halben Stunde fast nur über Wahrträume und wie sie das Attentat Wochen zuvor `wie in einem Film` vorausgesehen haben. Das World Trade Center. Die Flugzeuge. Die Explosionen. Dieses Video wurde in ganzer Länge nur kurz nach der englischen Übersetzung gezeigt. Es geht über eine Stunde! Und die erste halbe Stunde wurde von den Reportern als belangloses Geschwafel abgetan. Und nie wieder gezeigt.

Vielleicht ändert sich dies ja einmal. Es wurde als nicht wichtig eingestuft. Offenbar auch von den Falschübersetzern. Denn ausgerechnet diesen Teil haben sie wörtlich übernommen. Doch was hier gezeigt wurde, war die wichtigste Mitteilung überhaupt! Osama Bin Laden und seine Anhänger wurden gewarnt. Denn jemand wusste, dass sie die Sündenböcke werden würden...

Ebenso wie beispielsweise die Eltern von Jesus aber auch von Johannes dem Täufer von einem überlieferten Engel mit dem Namen Gabriel zu einem bestimmten Zeitpunkt im Traum gewarnt wurden, sie sollen fortgehen, um das Leben der Kinder zu retten. Denn ansonsten würde etwas Schreckliches passieren.

Hinter dieser Dimensionsschleuse, welche ich Dir zeigte und benannte, verbirgt sich das größte Geheimnis. Es ist wie ein Spiegel.

Es ist nicht nur das Dimensionstor zu Deinen Träumen. Alle Dinge, die auf dieser Ebene zu Dir kommen, aus welchen Dimensionen auch immer, werden dieses Tor passieren. Die einzige Möglichkeit, dies zu umgehen, wäre, auf anderem Wege in Deine Realität zu gelangen, in welcher Du dieses Buch siehst, und Dir dadurch körperlich gegenüberzutreten. Also einen physischen Körper anzunehmen.

Mehr Möglichkeiten gibt es nicht. Der geistige Zugang – und der körperliche (was gleichbedeutend ist mit Materialisierung). Wenn Du stirbst, wirst Du durch eine solche Schleuse gehen. Und als Du geboren wurdest, bist Du ebenfalls durch eine solche gegangen. Du kennst die Geschichten der Menschen, welche für einen kurzen Zeitraum körperlich tot waren. Sie berichteten von einem Weißen Licht, auf das sie zugingen. Jetzt weißt Du auch, was sich dahinter verbirgt.
Vergiss das nicht. Solange Du lebst.

Wir kommen nun zu dem darauf aufbauenden Hintergrund. Den Hinweisen zu den Elementen.

Element 1: Feuer
Symbol: Dreieck
Farbe: Rot
Komplementärfarbe: Grün

Element 2: Das Gasförmige oder Luft
Symbol: Kreis
Farbe: Blau
Komplementärfarbe: Orange (gelborange)

Element 3: Das Flüssige oder Wasser
Symbol: Halbmond
Farbe: Weiß (Silber)
Komplementärfarbe: Schwarz (Grau)

Element 4: Das Feste oder Erde
Symbol: Viereck
Farbe: Gelb (gelborange)

Komplementärfarbe: Violett (blauviolett)

Element 5: Das Feinstoffliche oder Äther
Symbol: Eiförmig
Farbe: Schwarz (Indigo)
Komplementärfarbe: Weiß (dunkler Bernstein)

Es gibt alte Überlieferungen, welche hier entsprechende Zuordnungen haben.
Element 1 (Feuer):
Symbolisiert in rotem Dreieck. Macht uns physisch lebhafter, unternehmungslustiger und reger in jeder Beziehung. Aber: erhöhte Verletzungsgefahr, Unbeherrschtheit. Man sollte unter diesem Tattwa keine Verträge oder Geschäfte eingehen / tätigen.

Element 2 (Luft):
Symbolisiert durch blauen Kreis. Hat einen kalten und erstarrenden Einfluss, nichts von Bestand. Man sollte unter diesem Tattwa nichts beginnen, was von Dauer sein soll. Es hilft einen guten Gedanken schnell zu finden, Unterscheidungs- und Urteilskraft zu verbessern, Briefe gehen schneller von der Hand, bringt körperliche Ausdauer.

Element 3 (Wasser):
Symbolisiert durch Weißer Halbmond. Lebensfreude, Künstlerisch, wirkt allgemein günstig auf Menschen. Gut für Liebe, Freundschaft, Vergnügen und Kunst.

Element 4 (Erde):
Symbolisiert durch gelbes Viereck. Zufriedenheit, Gerechtigkeit, für alles, was Bestand haben soll. Gut für Heirat, Teilhaberschaft, Wohnungswechsel, Reisebeginn, Geschäftseröffnung, Geldangelegenheiten, Versöhnungen.

Element 5 (Äther):
Symbolisiert durch schwarzes Ei. Himmlisches Richtschwert, Leben und Bewegung, aber auch zerstörend. Ist für das Gebet gut. Werden und Vergehen wird im Ewigen Wechsel symbolisiert. Gut für Umwandlung und Neuerstehen.

Lerne diese jeweiligen Eigenschaften möglichst auswendig. Dann wird es Dir leichter fallen, sie anzuwenden, wie ich es Dir jetzt beschreiben werde.

Als nächstes kaufe Dir fünf Seiten (Bunt-)Papier. Eines in Rot, Blau, Weiß, Gelb und Schwarz. Danach schneidest Du die jeweiligen Symbole, welche ich Dir oben nannte, aus dem Papier.

Dies soll wiederum ein `Stützrad` sein. Später wirst Du den Sechsten Schlüssel anwenden können, ohne die Formen aus Papier. Die `Stützräder` ablegen.

Es wäre nun fast unmöglich, Dir die Hintergründe hinter diesen Symbolen und Farben zu erklären – und warum sie wie zusammen wirken. Es wäre ein eigenes Buch... Darum vertraue Trinity, dass es funktioniert... Das ist für dieses kleine Buch das Wichtigste.

Wenn Du oben genannte Schritte durchgeführt hast und die Symbole besitzt, dann kannst Du nun in die Praxis gehen. Und Du wirst erahnen, warum ich Dir alles über Komplementärfarben erzählt und Dich auf deren Wirkung und Wahrnehmung aufmerksam gemacht habe.

<u>Methode:</u>
Es ist eine äußerst einfache Methode. Ein <u>Beispiel</u> mit dem gelben Viereck (Erd-Tattwa):

Du suchst zum Beispiel eine neue Wohnung. Also machst Du vor der Suche in Zeitungen, Inseraten, beim Makler folgendes:

Du bist möglichst ausgeglichen, wenn Du Dich an diesen Test heranwagst. Ruhig und ausgeglichen, nimmst ein Kärtchen mit dem Erd-Tattwa Symbol, dem gelben Quadrat, in die Hand und starrst es etwa 60 Sekunden lang an. Dann schließt Du die Augen. So wirst Du die selbe Form in Komplementärfarben sehen. In diesem Fall wird es sich um einen lavendelfarbenen oder violetten Farbton handeln. Wenn nun dieses violette Viereck mit dem geistigen Auge klar wahrgenommen wird, so musst Du Dir vorstellen, dass es zu einer Größe anwächst, groß genug, Dich durch das Objekt hindurch gehen zu lassen. Die nächste Stufe ist jetzt, sich vorzustellen, wirklich durch dieses Quadrat hindurch zu schreiten, als ob es eine `Türe` sei. Danach sollte man die Wahrnehmung einer Szene oder einer Landschaft suchen.

Du bleibst in diesem Tattwa und öffnest die Augen. Nun beginnst Du mit der Wohnungssuche. Ist dieses Vorhaben abgeschlossen, dann schließt Du wieder die Augen. Suche erneut die Landschaft in dem gelben Viereck und nehme Dich in dieser wahr.

Die Methode, <u>die Element-Vision zu verlassen</u> ist das genaue Gegenteil. Also von der anderen Seite durch das Viereck wieder in Deine `normale` Realität `hindurch steigen`. Damit verlässt Du dieses Element und seine unterstützenden Eigenschaften.

Falls man bestimmte überwiegende Eigenschaften hat, welche einer der oben genannten Elementzuordnungen entspricht, kann man diese abbauen und verändern, wenn man durch ein <u>anderes</u> Tattwa schreitet, dessen Eigenschaften einem mehr zusagen oder in einer bestimmten Lebenssituation hilfreich sind. Und somit Dein Gemüt verändern.

Dazu verlass aber erst jenes Tattwa, in welchem Du `gefangen` bist auf beschrieben Wege durch das gelieferte `Werkzeug`.
So kannst Du schneller aus einer schlechten Stimmung herauskommen, Deine Laune verbessern oder auch mehr Energie bekommen, wenn Du niedergeschlagen und müde bist. Je nachdem, welchen Weg Du beschreitest.

Du kannst also <u>vor</u> einer bestimmten Aufgabe ein bestimmtes Tattwa beschreiten und <u>nach</u> deren Erfüllung dieses wieder verlassen, um in ein anderes hinüberzuwechseln.

Dies alles klingt für Dich sicherlich sehr okkult. Doch Du solltest eines nicht vergessen: Es sind die `Stützräder`, welche Dir ein merkwürdiges Gefühl geben. Und diese Stützräder sind nur dazu da, um Dich in eine Praxis einzuweisen, auf welche Du sonst nie gekommen wärst. Warum diese Praxis funktioniert, hängt mit Faktoren zusammen, die natürlich auf die hintergründigen Lehren von Strukturen und Komplementärfarben aufbauen. Welche wiederum mit dem physikalischen Aufbau des Universums und Komponenten zu tun haben, welche Du womöglich noch nicht kennst. Auch hier ist der kleinste Nenner ein Effekt, den Du vielleicht schon oft bemerkt hast.

Wenn Du zum Beispiel mit einem gelben Filzstift eine Fläche zeichnest und mit einem blauen Filzstift darüber malst, entsteht eine <u>grüne</u> Fläche. Dies ist einer der kleinsten Nenner. Der andere ist, dass die Farbe Grün einen <u>anderen Gemützustand</u> in Dir auslöst als zum Beispiel die Farbe Violett. Grün lenkt das Bewusstsein auf die Natur. Bei anderen Farben wird das Bewusstsein auf andere Werte ausgerichtet.

Wie gesagt, dies wäre ein eigenes Buch. Bei Formen und Strukturen gibt es ähnliche Schlüssel, welche Dinge und Zustände auslösen können. So wirkt eine runde Form in unserem Unterbewusstsein human und weich. Während eckige Formen verletzend und hart wirken können. Und auch hier ist es ähnlich wie bei den Farben. Versetzt man sie mit einer Komplementärfarbe, <u>verändert sich auch deren Wirkung</u> und Einfluss radikal.

Warum Komplementärfarbe? Auch dies ist ein `Stützrad`. Vielen fällt es äußerst schwer, eine bestimmte Struktur in einer bestimmten Farbe vor dem geschlossenen Auge zu `materialisieren`. Schaut man 60 Sekunden auf einen blauen Kreis und schließt danach die Augen, dann befindet sich dort sichtbar ein orangener Kreis, mit dem man im Anschluss arbeiten kann. Dies soll an jener Stelle als Erklärung genügen...
Das bildliche `hindurch schreiten`, welches nur ein `Stützrad` ist, soll nichts anderes bewirken wie `Eins werden ...`, `Die Eigenschaften der Komposition in sich

aufnehmen... Und damit anzunehmen...` Dies ist sehr vereinfacht der Hintergrund. Also weder okkult noch abstrus, wenn man die physikalischen Wechselwirkungen <u>*erkennt* und *anwendet*</u>*.*

In Fernöstlichen Kulturen werden nach ganz ähnlichen Prinzipien Häuser gebaut und gestaltet. Wie zum Beispiel beim einigen von Euch geläufigen `Feng Shui`.

Uri Geller hat zum Beispiel aufbauend auf die Farbenlehre in seinem Buch „Mein wunder-volles Leben" vorne und hinten speziell von ihm mit Energie nochmals versehene Farbsymbole aus Rot und Gelb gemischt, zum Betrachten und berühren, damit Du Deine Ziele besser erreichst. Unter anderem eine orangene Pyramide. Die Wirkung einer dreidimensionalen Struktur ist anders als die einer zweidimensionalen. Die stärkste Wirkung einer dreidimensionalen Struktur in jener Dimension, in welcher Du dieses Buch hältst, besitzt die drei-eckige `Pyramidenform`. Vielleicht hast Du schon von Geschichten und Berichte gehört, dass Rasierklingen nicht so schnell stumpf wurden, wenn Sie in einer Pyramide an spezieller Stelle platziert wurden (dem `Kraftzentrum`), oder Fleisch nicht so schnell verdarb. Dass in früheren Zeiten Menschen mit minderer Intelligenz ein Hut aufgesetzt wurde, um deren Intelligenz zu erhöhen (`Dunce`s Cap`). All diese Phänomene und Riten bauen auf jener Technik auf, welche ich Dir auch nun im Sechsten Schlüssel bezüglich Formen und Farben nahe zu bringen versucht habe.

Die Pyramide ist also tatsächlich eine Struktur, welche ein Kraftzentrum besitzt. Und dieses Kraftzentrum bedient sich aus jenen Sphären, welche für Eure Wissenschaftler nicht existieren und einige als `überdimensional` bezeichnen würden.
Wie kannst Du nun aber den Beweis bekommen, dass all dies stimmt mit der `Kraft der Pyramiden` und deren `Kraftzentrum`?

Erinnere Dich an das vierte Kapitel und den Delta-Muskel Test. Bastle Dir eine kleine Pyramide aus Papier. Der Winkel der Pyramide spielt bei diesem Beispiel keine allzu erhebliche Rolle. Dann nimm einen halben Riegel Schokolade oder ein Stück Zucker und halte es mit der linken Hand in den unteren Bereich des Pyramideninnenraumes. Es wird noch ein Leichtes sein, Deine rechte Hand herunterzudrücken, auch wenn messtechnisch schon eine andere Energie in Dir unterstützend wirkt, als bei demselben Test außerhalb der Pyramide.

Gehst du aber mit der linken Hand und dem Stück Schokolade / Zucker in den <u>oberen</u> Bereich des Pyramideninneren, dann wirst du ab einer gewissen Stelle <u>eine Veränderung feststellen!</u> Um genau zu sein, in der oberen Hälfte. <u>Denn nun wird es der zweiten Person plötzlich nicht mehr möglich sein, Deinen rechten Arm herunterzudrücken.</u>

Es gibt übrigens auch Stoffe, welche die negativen Eigenschaften des Zuckers bezüglich der Inversion wieder aufheben oder `einfrieren`!

Wir nennen diese `Freezer`.

Weshalb, dies wird Dir anderer Stelle erläutert werden. Als Beispiel hierzu wäre ein bekannter `Designerdrink` zu nennen. Und so verleiht `Red Bull` wirklich `im wahrsten Sinne des Wortes` Flügel...

Denn es kehrt den Delta-Test um und sorgt dafür, dass der rechte Arm unter dem Einfluss von `Red Bull` oben bleibt! Trotz Zucker...

Du kannst es testen mit einer Dose des genannten Originalgetränks in Deiner linken Hand. Man wird die Hand nicht herunterdrücken können. Allerdings trifft dies bei weitem nicht auf alle Designerdrinks zu. Auch wenn sie geschmacklich dem oben Genannten ähnlich sind.

Steckt hinter `Red Bull` vielleicht ein größeres Geheimnis, als Du ahnst? Ist der Hintergrund der Werbekampagne vielleicht doch mehr, als nur ein Witz? Red Bull kommt aus Österreich. Doch dies ist nicht das einzig Wissenswerte über diesen Designer Drink. Glaubst Du an einen Zufall, dass die Dose BLAU – ROT ist? Ebenso wie an den altbekannten `Zufall` der blauen und der roten Pille bei Neo? Dann wird sich Dein Weltbild womöglich bald verändern. Und Du wirst den wahren Kampf erkennen, welcher hinter `Deinem` Rücken tobt...

Ich habe zum Abschluss eine Frage an Dich. Wenn eine außerirdische Intelligenz auf Eurem Planeten `landen` würde, die Euch Millionen oder gar Milliarden Jahre voraus wäre (welches ja womöglich die Grundvoraussetzung hierfür wäre), würde diese einfach irgendwo eine Art `Spirit` (Marslandegerät der Amerikaner) zurücklassen, oder würde sie nicht eher den `Spirit` im wahrsten Sinne des Wortes zurücklassen, damit Eure eigene Evolution durch diesen Hinweis schneller vorangebracht wird als ohne diesen, weil Ihr darüber nachgrübelt und buchstäblich über ihn stolpert in Eurer Geschichte? Wie würdest Du an ihrer Stelle handeln?

Vielleicht sagst Du Dir nun: `Gut, bei den Pyramiden könnte dies geschehen sein. Aber wie wäre es dann bei den anderen Schlüsseln? Zum Beispiel beim `Delta-Muskel-Test` des vorangegangenen Schlüssels?` Wer sagt Dir, dass dieser Euch nicht übergeben wurde? Ich sagte Dir bereits, dass Du in einem Siegerland der Alliierten lebst Das heben des `Rechten Armes` ist in euren Jahrtausende alten Kulturen beschrieben als `Der Gruß der Götter`. Viele Jahrtausende später wurde diese Gestik übernommen und missbraucht, ohne den wirklichen Hintergrund hinter dieser Symbolik zu verstehen, zuerst im Alten Rom (`Heil Cäsar...`), wobei die Römer ihre gesamte Geschichte auf `Götter` aufgebaut haben, die teils mit deren Vorfahren oder mit ihnen in Kontakt gewesen sein sollen.

Und zuletzt im Dritten Reich, wo ebenfalls der `Gruß der Götter` übernommen und missbraucht wurde, ohne dessen wahren Hintergrund und Symbolik auch nur ansatzweise zu verstehen (oder dessen Lehren und Verschlüsselung an die Bevölkerung weiterzugeben?). Adolf Hitlers Gedanken waren von Beginn an geprägt von Überlieferungen alter Sagen und Mythen. Die gesamte Symbolik des Dritten Reiches, einschließlich des Hakenkreuzes, wurde von ihm `zusammengeklaut` aus alten Überlieferungen und ist keinesfalls zufällig gewählt gewesen. Verstehst Du nun ansatzweise die Auswirkungen und Größe der Verschleierungen zwischen Exoterik (Allgemein-Wissen`) und der wahren Esoterik (Geheimwissen)?

Esoterik ist in Eurem heutigen Sprachgebrauch negativ belegt. Verantwortlich dafür sind letztlich jene `selbsternannten` Esoteriker selbst, welche Euch irreführten mit angeblicher `Wahrsagerei´, um ans Schnelle Geld zu kommen, Kartenlegern und `Beweihräucherern`. Jemand, der wirklichen `Zugang` hat, der kann die Wahrheit durch alles lesen, an was er glaubt, es lesen zu können... Egal ob durch Karten, Rauch oder eine Kristallkugel. Verantwortlich ist aber nicht das Instrument, sondern die dahinter stehende Person. Wer von Euch sich eine Kristallkugel kauft, `um Wahrsagen zu können`, der müsste sich vor Dummheit eigentlich in Luft auflösen (ein Witz...). Eine mahnende Lehre deshalb zum Schluss meines Besuches: Wenn Dir jemand Geld abverlangt, um Dir Deine Zukunft zu verraten, vertraue ihm nicht!
Wenn dort einer unter Zehntausenden ist, welcher wirklich Zugang hat, so ist es viel. Der Rest will euer Geld. Und dieser eine, der es womöglich wirklich kann, verstößt mit seinem Handeln gegen ein ungeschriebenes göttliches Gesetz und wird eines Tages dafür zur Rechenschaft gezogen werden (siehe `Karma`), welches besagt: `Was dir von göttlicher Seite frei gegeben wird, gib auch frei an deinen Nächsten weiter`. Oder hat Jesus jemals Geld verlangt für seine Taten?
Gehen wir nach diesen Gedanken zurück zum Sechsten Schlüssel. Übe es, diese Wahrnehmung zu bekommen. Das ist der Sechste Schlüssel. Schließe Deine Augen und realisiere es. Dann bist Du bereit für den Siebten Schlüssel.

Vertraut auf die Liebe. Vertraut auf die Engel. Try Angel. Trinity.

Der 6.Hinweis: Du stehst davor

6. Kapitel: Das Navigationssystem

War das vorangegangene Kapitel nun Realität oder Fiktion? Die Zukunft wird es Ihnen zeigen. Sofern Sie selbst versuchen, dies herauszufinden. Wie bei jedem der Schlüssel.

Ein Tipp: *Kaufen Sie sich ein **Diktiergerät** und platzieren Sie es neben Ihrem Bett. Wenn Sie nachts aufwachen und etwas Merkwürdiges geträumt oder erlebt haben, sprechen Sie es im Halbschlaf kurz in wenigen Sätzen auf. So behalten Sie es in Erinnerung und können vielleicht später in Ihrem Leben reale Parallelen dazu ziehen.*

Denken Sie an Trinitys Worte, die sagte: `Was wir sehen, ist ein Spiegel ...` War da eine Doppeldeutigkeit in der Aussage? Meinte sie damit nicht nur das Dimensionstor, sondern noch etwas anderes? Natürlich! Ein Spiegel kann auch die Perspektive und die Wahrnehmung verzerren, wenn wir in ihn schauen. Er gibt die Realität wieder. Aber eben durch einen Spiegel. Und der `Spiegel` ist das naheliegendste Instrument aus unserer Realität, um uns begreiflich zu machen, was wir sehen und warum. Woher diese Einflüsse kommen. Das, was wir als ein Geschehen *vor* uns wahrnehmen, ist im Eigentlichen ein Geschehen, welches aus unserem *Inneren* kommt. Die Wahrnehmung ist also `spiegelverkehrt`, wenn wir nur das Bild `vor unseren Augen` betrachten. In Wirklichkeit werfen wir also nicht einen Blick `vor` uns, so wie es geschieht, wenn wir die Augen öffnen, sondern das Dimensionstor ist `In uns` – es wird also sozusagen `konvertiert`, wie in einem `Spiegel`... Was wir sehen, kommt also `Aus uns` – und *nicht* von einem Geschehen `Vor uns`...

Ein `Spiegel` als Schlüssel? Kann das sein? Als `Dimensionsschlüssel`?

War das letzte Kapitel *zu* fantastisch? Nun. Es wird noch *viel* fantastischer... Sie haben noch Zweifel, ob in dem Film `Matrix` ein unterbewusster Schlüssel liegt? Und ein `Spiegel` das Geheimnis der Dimensionen verhüllt, wie im letzten Kapitel von Trinity beschrieben? Dann erinnere ich Sie erneut an den Film. Erinnern Sie sich an *die* Szene, als Neo im ersten Teil der Matrix-Trilogie in einem Haus mit Morpheus **vor einem `Spiegel` steht. Und mit der Hand in ihn eintaucht, als sei es Wasser. Und hindurch gezogen wird** – *in die `Andere Realität`*...? Doch der letzte Schritt liegt wie immer bei Ihnen: Zufall? Oder *Hinweis*?

Der 7. Schlüssel:

Ich bitte Sie, sich als Hilfsmittel wieder den Delta-Test `herauszuholen`, beziehungsweise den Delta-*Muskel*-Test. Ich möchte Ihnen als nächstes ein anderes Beispiel aufzeigen, welches Sie bitte überprüfen.

Durch die Tests in *Kapitel 4* mit dem Delta-Test haben Sie ja erfahren, dass er auch funktioniert durch Worte und Gedanken, ohne die physische Komponente. Das ist sehr wichtig für dieses Kapitel, um den nächsten Schlüssel zu finden. *Nebenbei*:

Sie werden auch durch Musik beeinflusst. Dazu nenne ich Ihnen folgende Tatsache:

Es gibt eine *Dur*-Tonleiter. Und es gibt eine *Moll*-Tonleiter. Die Molltonleiter enthält durchweg körperlich aufbauende Stimulationen. Die *Dur-Tonleiter* nicht. Sie setzt sich folgender Maßen zusammen:

$$c - \underline{D} - \underline{E} - \underline{F} - \underline{G} - a - h - c$$

Die groß geschriebenen Töne (Buchstaben), welche unterstrichen sind, wirken *abbauend*, die klein geschriebenen *aufbauend* (*wie die gesamte Moll-Tonleiter*).

Um dies festzustellen machen wir wieder den Delta-Muskel Test. Stellen Sie sich hin und strecken den rechten Arm seitwärts aus, nach dem selben Prinzip wie immer. Dann beauftragen Sie wieder eine zweite Person, Ihren Arm herunterzudrücken, während Sie versuchen, bei gleich bleibender Kraftanstrengung dagegen zu halten.

Singen Sie nun die Töne der Tonleiter oder lassen Sie diese mit einem Instrument anspielen. Beim `C` wird es der zweiten Person nicht gelingen, Ihren rechten Arm herunterzudrücken. Bei den Tönen `D, E, F, G` werden Sie reagieren wie beim Zucker...

Stellen Sie sich nun in Gedanken vor, dieser Buchstabe würde auf Ihrer Nasenspitze oder Ihrem Hinterkopf platziert werden. Sie werden genau die gegenteiligen Ergebnisse bekommen... Was wiederum bedeutet, dass für viele Menschen Musik im `Dur-Bereich` verstandesgemäß richtig und toll ist. Aber den Körper lethargisch macht und eine `Was geht's mich an!` Stimmung verursacht.

Bei Musik, die sehr *moll*-lastig ist, ist der Effekt gerade *andersherum*. Setzt man die Töne imaginär auf die Nasenspitze oder den Hinterkopf, dann sinkt der rechte

Arm herab. Das bedeutet, für unsere Wahrnehmung ist *moll*-lastige Musik *abbauend*. Aber für unseren Körper *aufbauend*, was wir feststellen, wenn wir den Ton nicht an besagte Stellen `halten`.

Moll-lastige Lieder wirken traurig und melancholisch. Auf unseren Verstand wirkt das im ersten Moment *negativ*. Hören wir aber ein Lied in *Moll*, dann bewirkt diese Tragik, dass unser Körper `aufständig` wird. Liebeslieder sind die größten Gefühlsrenner. Nicht ohne Grund. Denn ihre Molltöne lösen Gefühle in uns aus, welche wir bei der Bedudelung von Dur-Akkorden unterdrücken.

Traurige Musik in Moll macht uns bewusst, `dass es so nicht weitergehen kann`, `dass es falsch war, unsere große Liebe zu betrügen`, `dass man sich ändern will`. Es können sogar Tränen und Wutausbrüche ausgelöst werden. Man macht sich Gedanken über `diese Scheiß Welt, in der alles den Bach runtergeht`, `Will etwas verändern...`

Unsere Radiostationen spielen zu 95% *dur*-lastige Musik. Dies wirkt auf viele in der notwendigen Hirnregion als `richtig` und `notwendig`. Doch gleichzeitig schwächt es den Körper in die `Was geht mich es an`-Apathie.

Dies soll übrigens *in keiner Weise eine Wertung der Musik sein*! Es soll nur aufzeigen, dass manche Dinge für einen Missbrauch wie geeignet sind. Denn viele Menschen hören täglich über *Stunden* Radio und Musik, was sich letztlich auf ihre Physis, bezogen auf `Aufständigkeit` auswirkt, als würden sie über den selben Zeitraum *ständig* Schokolade essen...

Natürlich können Sie diesen Test nun auch auf die anderen Dur-Tonleitern ausweiten... Damit verschieben sich logischerweise die Werte... Testen Sie es selbst.

Zusammen mit den genannten `Nahrungsmittelkontrollen`, sowie Faktoren wie bei Drogen wie Alkohol oder Nikotin (welche ebenfalls `abbauend` wirken, neben ihren ohnehin gesundheitsschädlichen Kriterien), werden wir von morgens bis abends `ruhig gehalten`. Oder halten uns freiwillig selbst ruhig.

Was macht ein Raucher nach einer schlechten Nachricht und großem Ärger mit dem Chef? `Erst mal eine rauchen...`, `Zur *Beruhigung*...` Genau das ist es! Um danach die blöden Anmachen seines Chefs besser ertragen zu können, OHNE einen Aufstand zu machen... Glauben Sie *tatsächlich*, gewissen Kreisen sei all dies **unbekannt**? *Glauben Sie das ernsthaft*?

Für alle anderen wird es nun in Bereiche gehen, bei denen jeder Zufall ausgeschlossen werden kann. Allerdings wird eines immer die Voraussetzung sein: Der Glaube. Der erste Schlüssel. Ich sage dies, weil ich weiß, dass einige zu Beginn an einigen der kommenden Schlüsseln verzweifeln werden. Vielleicht sogar ihren Glauben verlieren. Man kann auch nicht von `schwer` oder `leicht` sprechen, denn es ist die falsche Sicht auf die Dinge. Man kann auch den `Placebo-Effekt` nur unzureichend mit `leicht` oder `schwer` benennen.

! ACHTUNG !

Wenn ich daran glaube, dass eine Pille die notwendige Medizin ist, weil es auf der Packung steht, *auch wenn es nur ein Placebo ist*, dann ist es `leicht`? Und wenn es mir jemand ohne Packung in die Hand drückt und mir sagt, es ist nur ein *wirkungsloses Gemisch aus Backpulver*, dann ist es `schwer`? Ich glaube, dies kann man *so* nicht zuordnen. Glauben hat nichts mit `schwer` oder `leicht` zu tun, sondern mit `*Glauben*` (davon überzeugt sein).

! ACHTUNG !

Entfernungen. Was ist das schon? Vor wenigen Jahren wurden an einer deutschen Universität von Professor Günther Nimtz überlichtschnelle Geschwindigkeiten bei Informationsübertragungen festgestellt und gemessen. Zeitgleich wurden ähnliche Messungen und Entdeckungen in anderen Ländern und an anderen Orten in der Welt gemacht, die die Ergebnisse seines Teams voll bestätigten. Das Rastertunnelmikroskop arbeitet bereits nach diesem Prinzip. Auch wenn es viele nicht wissen. Bei all diesen Entdeckungen geht es um den so genannten `Tunneleffekt`. Dazu wird bei der Informationsübertragung in der Mitte eines Kanals / Tunnels ein verengtes Stück eingefügt. Die Universitätswissenschaftler stellten mit Verblüffung fest, dass mit einem zum Beispiel 15 Zentimeter langen verengten Zwischenstück, auch `Tunnel` genannt, die Informationsübertragung *schneller* ist als ohne verengtes Verbindungsstück. Das Übertragungsmittel von Informationen, wie zum Beispiel Musik, sind natürlich `Wellen`. Nun war das Signal durch das Tunneln aber schneller am Zielort, als die uns bekannte Lichtgeschwindigkeit! Es wurden Geschwindigkeiten von derzeit bis zu *4,7-facher Lichtgeschwindigkeit* gemessen. Diese Versuche wurden unter anderem an der Technischen Universität in Köln gemacht.

Die wichtigste Erkenntnis der Forschungsarbeiten ist, dass *innerhalb* des Tunnels, warum auch immer, **keine Zeit vergeht!** Die gemessenen Zeiten setzen sich zusammen aus der, welche das Signal von der Quelle bis zur Tunnelöffnung braucht, plus jener, welche sie vom Tunnelausgang bis zum Ende der Versuchsstrecke benötigt. Ist der Tunnel länger, werden auch höhere überlichtschnelle Geschwindigkeiten gemessen. Ist er sehr kurz, liegen die Geschwindigkeiten zum Beispiel `nur` bei 1,2-facher Lichtgeschwindigkeit.

Die Tatsache, dass das Signal *innerhalb des Tunnels* **keine** messbare Zeit benötigt, veranlasste jene Wissenschaftler zu der theoretischen Überlegung, was wäre, wenn man einen unendlich langen Tunnel hätte, von einem Ende des Universums zum anderen? Denn diese Erkenntnisse besagen, dass auch hier Informationen ohne Zeitverlust transportiert werden können.

Behauptung: *Gedankenübertragung basiert auf dem gleichen Tunneleffekt – und ist somit schneller als Licht...*

Professor Nimtz spekulierte darüber, ob das Universum *kausal* oder *akausal* ist. Dies bedeutet: ob das Universum *aus sich selbst heraus* entstanden ist, oder durch einen `Tunneleffekt` aus einer anderen Dimension.

Nun wurden an anderen Orten die gleichen Ergebnisse erzielt. Andere Forschungsteams in der Welt arbeiteten aber nicht mit Informationen (Worte, Musik, Geräusche). Ihre Idee war es, überlichtschnelle Schalter zu entwickeln. Diese Forschungen werden derzeit in den selben Gebäuden in Amerika (*Berkeley*, Kalifornien) durchgeführt, welche uns die Lasertechnologie brachten (also auch Ihren CD- und DVD Spieler). Für Licht braucht man aber keine verengte Röhre, um einen Tunnel zu erzeugen, sondern einen **Spiegel**. In Ausführung einer *Linse*. Denn *dies* ist für *Licht* eine Barriere. Ähnlich wie für manche Wellen ein *verengter Tunnel*. Auch in diesen Labors wurden die Resultate von der Universität Köln *voll bestätigt*, und man kam zu überlichtschnellen Resultaten.

Warum habe ich dies erzählt? Viele von Ihnen werden diese Dinge über den Tunneleffekt schon kennen. Es war vor wenigen Jahren über Monate hinweg ein Thema in Wissenschafts- und Forschungssendungen. Fragen beantwortet Ihnen hierzu sicherlich gerne die Technische Universität Köln. Aber ich habe dies hier aufgeführt, um Ihnen etwas in Erinnerung zu rufen: Das *vorige Kapitel*...

Was wurde dort *behauptet*? Dass das Dimensionstor, welches bei geschlossenen Augen wahrgenommen wird, wie ein *Spiegel* fungiert... Die oben genannten Teams stellten überlichtschnelle Geschwindigkeiten fest, wenn das Licht auf einen `Spiegel` traf. Für Informationsübertragungen und Teilchen wird ein `Tunnel` benötigt. Wie es durch die Wissenschaftlerteams auch hier in Deutschland, wie beschrieben, bestätigt und gemessen wurde. Beide Effekte *zusammen* würden Licht, Informationen und Teilchen übertragen.

Zu sehen wäre dann optisch ein `Tunnel aus Licht`, welcher *reflektierend* wirkt an dessen Enden. Wo die Energieformen, wie bewiesen, wieder austreten. Erinnern Sie sich an die Berichte von `Verstorbenen`, die ein Licht beziehungsweise einen `Lichttunnel` beschreiben, dem man entgegenschwebt? Erinnern Sie sich an Trinitys Worte über den Spiegeleffekt an den Dimensionstoren? Und dann rufen Sie sich die Aussagen der Universitätswissenschaftler in Erinnerung, die über einen theoretisch `unendlich` langen Tunnel spekulieren, in dem keine messbare Zeit vergeht. So wie in den Forschungsergebnissen des Tunneleffektes. Und an die Spekulationen der Wissenschaftlerteams, ob unser Universum *aus sich heraus* entstanden ist, oder *durch einen Tunneleffekt hier die Auswirkungen aus einer anderen Dimension zu sehen sind?* Und was denken Sie, wenn Sie über *Schwarze Löcher* sinnieren? Jeder Forscher, der sich damit befasst, redet von Raum-Zeit-Verschiebungen in diesen Einzugsbereichen der Schwarzen Löcher. Und das sie Materie `verschlucken`. Zufall? Fragen Sie Ihre Intuition...

Sie glauben, die bislang gemachten Aussagen über die `Zeit` in diesem kleinen Buch sind *Behauptungen?* Am *26. September 1988* überraschten Astrophysiker vom *California Institute of Technology* Wissenschaftler in aller Welt mit einer sensationellen Behauptung: Zeitreisen sind keine Science Fiction mehr – und das vermutlich alles gleichzeitig stattfindet: Vergangenheit, Gegenwart, Zukunft – die Zeit: *ein holographisches Gebilde...*

Und `zufälligerweise` jene Abteilung, welche dieselben überlichtschnellen Resultate bei der Forschung nach überlichtschnellen Schaltern hervorbrachte, wie die Technische Universität in Köln. Ich spreche wieder von dem `Haus` in *Berkeley*, welchen Sie ihren CD und DVD-Spieler verdanken *und nicht irgendwelchen Esoterik-Gurus.*

In einem Interview, welches überall auf der Welt ausgestrahlt wurde, sagte *Professor Raymond Y. Chiao* in Berkeley, nun, wo die Grenze der Lichtgeschwindigkeit durchbrochen sei, wären theoretisch *unendlich schnelle* Geschwindigkeiten *möglich.* Die Forschungen laufen auf Hochtouren. Chiao selber arbeitet mit Photonen, welche durch einen Laser geschickt werden. Er betonte, dass gerade Experimente laufen würden über `negative` Geschwindigkeiten... Negative Geschwindigkeiten bedeutet: *bevor die Spitze eines Mediums den Eingang erreicht hat, hat sie den Ausgang schon verlassen...*

Von was Raymond Chiao hier spricht, ist nichts anderes wie eine `Reise in der Zeit zurück`. **In die Vergangenheit.**

„Nachdem man das Prinzip des Lasers verstanden hatte, hätte man all diese Berechnungen machen können – schon damals *in den sechziger Jahren...*", sagte Raymond Y. Chiao. Um dann zu ergänzen: „Doch aus bestimmten Gründen blieb dies unberücksichtigt. Vielleicht aufgrund unseres Vorurteils, dass nichts schneller als Licht sein kann. Dies hat uns blind gemacht...“

Er sagte, Teleportation sei somit *wirklich* möglich in der Quantenmechanik für mikroskopisch kleine Teilchen, wie *Photonen* und *Elektronen*. Diese Tatsache schließt mit ein, dass Teleportation auch eines Tages für *Atome* möglich ist, auch wenn *uns* dazu im 21. Jahrhundert noch die notwendige Technik fehlt. Doch was wäre, wenn diese Aussage beinhaltet, dass jene Technik `eines Tages` auf uns `zurückkommt`...? Können wir jene Menschen dort, welche uns die derzeit größten technischen Errungenschaften in Form eines `neuen` Übertragungssystems brachten, wirklich als *Verrückte* und *Spinner* abtun? Oder haben diese nicht *schonmals* `urplötzlich` unsere Welt mit jener Neuerung überraschend revolutioniert? Weg vom Plattenspieler mit Riemenantrieb...

Es gibt noch etwas, dass schneller ist als das Licht: *Unsere Gedanken*. Kommen wir auf diesem Wege zurück zu unserem siebten Schlüssel: Wir werden es das `Navigationssystem` nennen. Sind Sie schon einmal einer `Eingebung` gefolgt und an einen bestimmten Ort gelangt? Haben Sie schon einmal einen Ort gefunden, von dem Sie zuvor nur geträumt haben? Hatten Sie schon einmal das ungute Gefühl, heute lieber nicht eine bestimmte Straße zu befahren und lieber einen `Umweg` machen zu müssen? Haben Sie schon einmal in unbekannter Umgebung geahnt, dass hinter der nächsten Straßenbiegung ein bestimmtes Gebäude oder optisches Umfeld vorzufinden ist, und es war so? Sind Sie schon einmal ohne Straßenkarte losgefahren zu einem fremden Ort und haben instinktiv `zufällig` den richtigen Weg gewählt? Dann hatten Sie schon mal unbewussten Kontakt mit Ihrem `Navigationssystem`.

Es gibt mehrere Techniken, dieses zu nutzen. Einige wären vermutlich noch zu schwer für Sie. Eines habe ich Ihnen bereits genannt: Als ich Ihnen sagte, dass, wenn Sie sich etwas wünschen, Sie Ihr Unterbewusstsein auf Dinge aufmerksam machen kann, die für andere in diesem Moment bedeutungslos sind, um so zu Ihrem Ziel zu kommen. Ein anderes, das technisch einfachste, möchte ich Ihnen *jetzt* nennen. Denn die Technik ist die selbe, welche wir den *Delta-Muskel Test* nannten, oder *Delta Test*.

NEOS` FALL ...

! ACHTUNG !

Bei diesen Vorgängen dürfen Sie keinen Zucker essen oder andere Produkte mit physisch abbauendem Effekt (Nikotin, Alkohol, etc.) zu sich nehmen! Ich habe Ihnen die Auswirkungen von Tonleitern nicht ohne Grund zu Beginn des Kapitels aufgeführt. Denn auch Musik kann Sie beeinflussen bei den nachfolgenden Vorgängen und Sie durch die genannten Auswirkungen vom Ziel abbringen! Denn die Folge wäre eine <u>falsche Wahrnehmung durch die</u> `Inversion`.

! ACHTUNG !

Ich bin nicht von `Red Bull` beauftragt. Aber wenn Sie inversive Außeneinflüsse so weit wie möglich <u>abschalten</u> wollen, dann haben Sie die Möglichkeit, dies durch ein Präparat zu tun, welches diese in Ihnen wieder umpolt. Ich sage nur wie Trinity hier im Buch: `Red Bull verleiht...` - und verhindert Neos` Fall...?

Es ist vielleicht ein Zufall, dass Red Bull als das `Original` in der Werbung bezeichnet wird und die Dose blau-rot ist. Doch achten Sie darauf, was auf der Dose *rot* ist... Steht auf dieser nicht: `Belebt *Geist* <u>und</u> Körper`... Ein netter Zufall – oder doch mehr?

! ACHTUNG !

Zu Beginn einen *Einführungstest*, um ein besseres Verständnis zu bekommen.

Es ist Zeit für den Delta(-Muskel) Test. Strecken Sie erneut den rechten Arm aus in eine waagrechte Position.

Was nun kommt, nennen wir untergeordnet den ***Initial*-Test**.

Dies bedeutet, wir sagen einen beliebigen Satz. Zum Beispiel: „*Mein Wissen ist unvollständig*".

Dieser Satz nennt sich `Initial-Satz`. `Initial` kommt von `Initiative` und bedeutet `*Auslöser* / auslösen`. Dieser `Initial-Satz` ist also der Auslöser für folgendes:

Wir lassen den Delta(-Muskel) Test an uns ausführen, nachdem wir den *Initial*-Satz ausgesprochen haben. Wenn sich nun **Ihr** rechter Arm leicht nach unten drücken lässt, dann bedeutet dies, dass **Sie** den ausgesprochenen Satz (in diesem Fall `Mein Wissen ist unvollständig`) **negativ** besetzen.

Dies bedeutet, *Sie wollen eigentlich alles wissen...*

Auf diese Weise können Sie feststellen, welche Dinge von einer Person *negativ* besetzt werden und welche *positiv*. Jemand, der in allem das halb volle anstelle das halb leere Glas sieht, wird entsprechend abschneiden. Und umgekehrt ebenso.

Es ist nichts anderes als ein Lügendetektortest. Denn Unwahrheiten und Lügen werden von einer Person unterbewusst *negativ* besetzt. Wenn Sie also ein solch technisches Gerät nicht in der Nähe haben, dann ist dieser Test die günstigste Alternative. Dies für die kleinen Agenten unter uns...

Wozu führt uns dies? Warum habe ich all das hier eingebracht?

Es gibt *ein* Wort, welches wir grundsätzlich im Delta(-Muskel) Test immer *positiv* besetzen (außer wir lügen): Das Wort `**JA**`.

Und es gibt *ein* Wort, welches wir grundsätzlich im Delta(-Muskel) Test immer *negativ* besetzen (außer wir lügen): Das Wort `**NEIN**`.

Weil dies so ist, funktioniert diese Methode überhaupt erst als Lügendetektor. Denn der Tester wird *sofort* aufmerksam werden, wenn Sie `Ja` sagen, aber der rechte Arm `nach unten geht`...

Dies bedeutet, der Delta(-Muskel) Test funktioniert auch als simple `Ja/Nein`-Analyse.

Ich habe die `Behauptung` aufgestellt, dass wir *alle* mit einer Art kosmischen Bewusstsein vernetzt sind, egal ob man dies nun `morphische Felder` oder `Matrix` betitelt.

Nun richten wir nachfolgend den `Initial-Satz` *nicht* an uns selbst, sondern *an dieses Kosmische Bewusstsein*. Wir stellen ihm also eine *Frage*. Ganz simpel. Und wir schauen, *was passiert*.

Die erste Testreihe:
Wir beginnen mit den praktischen Übungen: Suchen Sie sich ein Ziel, *dass Sie schon kennen*. `Suchen` heißt: Sprechen Sie in Gedanken so, als würden Sie zu Ihrem Navigationssystem im Auto sprechen. Also: `Führe mich zur mir bekannten Tankstelle in der XXX-Straße...`. Sie werden sich jetzt vielleicht fragen, warum ein Ziel, dass Sie schon kennen? Das werden Sie gleich wissen.

Stellen Sie sich in Gedanken nun den Delta-Test vor. An der ersten Kreuzung, an welche Sie kommen und abbiegen müssen, stellen Sie in Gedanken nun die Frage: `Muss ich nach links?` Dann stellen Sie sich vor, wie jemand versucht, Ihren rechten Arm herunterzudrücken. Danach stellen Sie auf dieselbe Weise die Frage: `Muss ich nach rechts?` und stellen sich wieder den Delta-Test vor, welcher an Ihnen ausgeführt wird.

Sie werden feststellen, dass Ihnen *immer* jene Fahrtrichtung, welche falsch ist, als falsch angezeigt wird, indem sich Ihr Arm herunterdrücken lässt. Und Sie werden *immer* feststellen, dass jene Richtung, welche *richtig* ist, Ihnen als `richtig` angezeigt wird, indem sich Ihr Arm *nicht* herunterdrücken lässt. Falls es die Dritte Alternative `geradeaus` gibt, fragen Sie auf die selbe Weise als dritte Frage: `Muss ich geradeaus weiterfahren?` Auch hier wird Ihnen richtig oder falsch auf die benannte Weise mitgeteilt. Wichtig ist nur folgendes:

Sie dürfen das Ziel nicht `aus den Augen` verlieren (also `*aus dem Sinn*`)!
Wenn Sie, um das Beispiel mit dem Zucker nochmals aufzuführen, die Gedanken nicht beim Zucker haben, wenn Sie den Zuckertest nur intuitiv machen wollen, *dann werden Sie auch die Wirkung des Zuckers beim Delta-Test nicht spüren*.

Nun ahnen Sie auch, warum ich Ihnen sagte, Sie sollen als erstes ein Ihnen schon bekanntes Ziel nehmen. Denn so können Sie *üben*. Und *überprüfen*. Sie schärfen so Ihre Wahrnehmung für den Delta-Test. Machen Sie das mindesten 3 bis 5 mal.

Wenn Sie davon überzeugt sind, dass Sie den Delta-Test intuitiv anwenden können und Sie bei der richtigen Wegstrecke definitiv den `nicht herabdrückbaren Arm` spüren, dann gehen Sie zum nächsten Test.

Der Schwierigkeitsgrad dieser Wahrnehmung und Ausführung ist der, dass Sie *zwei* Dinge gleichzeitig behandeln müssen: Zum Einen dürfen Sie das Ziel nicht aus den Gedanken lassen, zum anderen müssen Sie gleichzeitig den Delta-Test ausführen und in Gedanken die Richtungen durchgehen sowie den imaginären Armtest machen. Das ist nicht leicht. Wenn man am Anfang steht... Wie ein Musiker, der gleichzeitig Gitarre spielt und singt, ohne aus dem Takt zu kommen. Deshalb auch meine Warnungen, wenn es nicht gleich so funktioniert, wie man es gerne hätte. Auch der Musiker muss *üben*, um diese Technik, Dinge gleichzeitig zu machen, *zu beherrschen*.

Doch ich gebe Ihnen ein kleines Hilfsmittel:
Es ist in der Praxis fast unmöglich, an eine Kreuzung heranzufahren und dann in der Kürze der Zeit zum einen das Ziel nicht aus den Gedanken zu verlieren, und zum anderen schnell die Fragen `Ist rechts der richtige Weg?` zu stellen, Delta-Test zu machen, dann die nächste *Frage* `Ist links der richtige Weg`, Delta-Test, usw.

Deshalb folgender Tipp: Anstelle der Fragen kürzen Sie den Vorgang ab, indem Sie nur Fragen `Links?`, `Rechts?`, `Geradeaus?` und hinter jeder kurzen Frage sich nur bildlich den Arm vorstellen, wie versucht wird, ihn nach unten zu drücken. Das ist das *eine*. Das *andere* ist die Hilfe, wie Sie dabei das Ziel *nicht aus den Augen verlieren*: **Binden Sie das Ziel in Ihre Frage *ein***. Also fragen Sie: `Ziel-Links?`, `Ziel-Rechts?` und so weiter. Natürlich müssen Sie das Ziel *visuell* benennen. Der Ausdruck `Ziel` ist hier nur ein Lückenfüller, beziehungsweise Allgemeinausdruck.

Die zweite Testreihe:
Sie haben die erste Testreihe öfters wiederholt und mit Erfolg abgeschlossen, eine gewisse Sensitivität bekommen, was den Delta-Arm-Test angeht für diesen wichtigen `Ja-Nein`-Faktor.

Suchen Sie sich nun ein Ziel, von dem Sie ausgehen, dass es in jeder Ortschaft sein muss. Also zum Beispiel einen Bäcker, eine Bank, eine Telefonzelle oder ähnliches. Machen Sie diesen Test in einer für Sie unbekannten Ortsumgebung, um Fremdeinflüsse auszuschließen.

Dann sagen Sie wieder in Gedanken zu Ihrem `Navigationssystem: `*Ich suche den nächsten Bäckerladen*`. Dann verfahren Sie wie beim ersten Test und fahren den Weg, welchen Ihnen `der Arm weißt`. Lassen Sie sich Zeit. Das Schlimmste wäre, wenn Sie sich bei den ersten Tests selber unter Druck setzen (zeitlichen Druck, psychischen Druck, psychische Ablenkung).

Also: **Verlieren Sie das Ziel wieder nicht `aus den Augen`! Sonst kann es nicht funktionieren.**

Aus diesem Grund sollte das Ziel auch etwas sein, dass in jeder Ortschaft zu finden ist. Denn um so weiter das Ziel weg ist, um so mehr Einflüsse müssen Sie wahrnehmen, ohne sich ablenken zu lassen.

Erinnern Sie sich an die zuverlässigen Ergebnisse der ersten Testreihe während der Fahrten der zweiten Testreihe. *Damit stärken Sie Ihren Glauben.*

Erinnern Sie sich an die Intensität der Wahrnehmung der Delta-Test-Ergebnisse der erste Versuchsreihe, dass heißt: Erinnern Sie sich an den Druck der imaginären Person, welche Ihren Arm herunterdrückt, welche Stärke er hatte. Und erinnern Sie sich an die Stärke Ihres Gegendrucks. Denn einer der häufigsten Fehler, der auftritt, wenn man zum ersten Mal ins *unbekannte Terrain* vordringt, ist die Angst, etwas falsch zu machen. Damit *verdränge* ich den `Urgedanken` - **das** (noch) **imaginäre Ziel**. Und *so* wird man es auch nicht finden.

Falls es nicht beim ersten Mal klappt, dann geben Sie nicht auf! Ich kenne niemanden, der es beim ersten Mal geschafft hat. Erinnern Sie sich an Neo, wie er von Morpheus angewiesen wurde, ihm zu dem weit entfernten Hochhaus hinterher zu springen. Und wie er *abstürzte…*

An dieser Stelle besteht die *größte* Gefahr, dass Sie Ihren Glauben verlieren… Denn wie beim Placebo-Effekt werden Sie sich einreden, dass es nicht gehen kann, weil es bisher NIE ging… Denn Sie wissen, dass es ein Placebo ist. Und es wird `nichts sein außer Backpulver, dass in Ihrem Mund zerfließt`…

Notfalls gehen Sie wieder einen Schritt zurück und machen noch einmal die Testreihe mit den `bekannten Zielen`, um Ihre Wahrnehmung zu stärken.

Ich weiß, dass Sie eines Tages vor der `Bäckerei` stehen werden.

Ab diesem Zeitpunkt wird es für Sie ein Vielfaches leichter sein. Denn dann wissen Sie, dass es funktionieren kann. Und Ihr Geist stellt sich um und `nimmt die Medizin eher an`.

Wenn Sie die zweite Testreihe beherrschen, dann können Sie versuchen, die Ziele *auszubauen*. Bedeutet: Menschen zu finden, *wo auch immer* sie sind, Wohnungen, Plätze, Straßen, Orte.

Ab *diesem* Zeitpunkt liegt es in *Ihrer* Hand. Ich komme im Vergleich nochmals auf ein Beispiel zurück, welches wir einige Kapitel zuvor im *Fünften Schlüssel* behandelt haben. Das Beispiel mit Zucker, Fleisch, etc. und ihren Energien. Ich bat Sie, in Zukunft beim Einkauf durch den Supermarkt sich immer den Delta-Test vorzustellen bei der Produktauswahl. Dabei reicht es, wenn Sie den Artikel in die Hand nehmen, oder aber nur *anschauen*, Sie werden *immer* zu dem richtigen Ergebnis kommen. Wenn Sie dies einmal geübt haben, dann machen Sie diesen Vorgang unbewusst. Vor jedem Artikel sehen Sie kurz den Arm, wie er herab fällt oder stark bleibt. Wenn Sie kurz `den Druck auf den Arm spüren lassen`. Egal, ob es bei der Zahnpasta ist oder der Gemüsedose, der Schokolade oder dem Schnitzel. Es wird zur Gewohnheit. Ohne das Sie es noch großartig `herbeiführen` müssen.

So wird es auch sein im Falle von Ortschaften, Straßen, Tankstellen etc. Wenn ein Ziel weit weg ist, und Sie bräuchten eine Stunde, um es zu erreichen, dann werden Sie unbewusst an jeder Kreuzung kurz den `Druck auf den Arm` ausführen und sich navigieren lassen, ohne das Sie darüber nachdenken.

Eine Anmerkung zum Schluss: Der genannte Weg im **Vierten Schlüssel**, welcher *Hinweise in der Umgebung* beinhaltet, beziehungsweise die *Wahrnehmung auf bestimmte Hinweise lenkt*, wird normalerweise **nicht** für Streckenüberwindungen und Zielsuchen von Straßen und Gebäuden benutzt. Und ich kann Ihnen versprechen, dass Sie so mit großer Sicherheit auch in den nächsten Jahren noch am Ziel vorbeifahren würden, wenn Sie sich alleine auf ihn hierbei verlassen. Denn er ist überwiegend auf *andere* Dinge ausgerichtet. Wenn Sie Veränderungen in Ihrem Umfeld bewirken wollen, also zum Beispiel eine berufliche Veränderung suchen, ein neues Auto, welches Sie sich derzeit nicht leisten können, wenn Sie einen weiteren Schlüssel finden wollen auf der Suche nach der Wahrheit, oder eine neue Liebe.

Wenn Sie Ihr Navigationssystem öfters benutzen, dann werden Sie aber feststellen, dass es ein ganz natürlicher Prozess ist, wenn sich der 4. Schlüssel *mit* `einschaltet` (es ist *immer da*, nur die Wahrnehmung dafür verbessert sich). Es wird in der Praxis einfach so geschehen im Laufe der Zeit. Wenn Sie ein Ziel erreicht haben, werden Sie dies auf jene Weise auch in Ihrem Unterbewusstsein erkennen können. Warten Sie ab und achten Sie darauf. Es wird Ihnen sogar soweit entgegenkommen, dass es sich bei Ihnen bald selbst meldet, wenn Sie abbiegen müssen, damit Sie es nicht vergessen. Aber bevor Sie sich darauf verlassen und nicht ankommen, beginnen Sie `ganz einfach` mit dem Delta-(Muskel-)Test. Bis Ihre Intuition die Oberhand gewinnt und siegt.

Das Navigationssystem ist der *Siebte Schlüssel*! Sie werden sich jetzt vielleicht fragen, wie das mit dem Film zusammenpasst. Dann erinnere ich Sie nochmals an folgende Szene im ersten Teil der Matrix-Filme, als Neo aufgefordert wurde, zu springen – und *abstürzte* (*Neos Fall...*). Aber bei *was* fiel er? **Er fiel, als er versuchte, auf für ihn `*absolut unüblichem Wege*` von Punkt A zu Punkt B zu gelangen...**

Bitte machen Sie nun die Übungen des Siebten Schlüssels. Ich wünsche Ihnen viel Erfolg. Und was meint Trinity (?): *Ich auch.*

Der 7. Hinweis: SCH TVW Weg

7. Kapitel: Kontakte / Botschaften

Bei Kontakten und Botschaften geht es um *Sinnes*-Wahrnehmungen. Doch was sind unsere Sinne? *Augen* (`Sehen`), *Ohren* (`Hören`), *Nase* (`Riechen`), *Zunge* (`Schmecken`) und *Haut* (`Fühlen`).

Doch es ist **auch** `augenscheinlich`, dass wir unsere Gedanken, Träume und `anderes` *nicht* über das `Auge` sehen; Unsere Gedanken, Träume und `anderes` auch *nicht* über das Ohr hören – *und so weiter...*

Nun sprechen wir aber im Sprachgebrauch von `weiteren` *Sinnes*-Wahrnehmungen. So zum Beispiel von *Ge*-fühlen. In dem Wort `Gefühl` steckt das Tätigkeitswort `fühlen`. Und was setzen wir im *übertragenen* Sinne mit dem Wahrnehmungsorgan für das Fühlen *des Körpers* gleich? Richtig: die Haut! Bei `*Ge*-fühlen` (Liebe, Hass) geht es aber um Wahrnehmungen des Emotionalkörpers, Ihrer `Seele`, nicht des physischen Körpers. Also sind Gefühle (Liebe, Hass) die *Komplementärwahrnehmung* des Fühlens des fleischlichen Körpers (Schmerz, Wärme, Kälte, etc.). Und tatsächlich können wir auch in der `Komplementärwahrnehmung` von Liebe und Hass Wahrnehmungen wie Schmerz, Wärme oder Kälte *wieder finden*!

Dies soll Ihnen als *Beweis* dienen, die Realität von *Komplementär*-Wahrnehmungen anzuerkennen.

So gibt es also zu jeder der oben genannten physischen Sinnes-Wahrnehmungen eine *Komplementär*-Wahrnehmung. So ist zum Beispiel `das Dritte Auge` die *Komplementär*-Wahrnehmung (Zuordnung) des physischen Organs `Auge`. **Alle** Sinnes-Wahrnehmungsorgane des physischen menschlichen Körpers (Augen, Ohren, Nase, Zunge, Haut) sind mit *diesem* (feststofflichen Körper) verbunden. Alle `Komplementär-Wahrnehmungsorgane` (nur eine *begriffliche* Zuordnung) sind dagegen mit unserer Seele verknüpft.

Nun kann sich aber `seelischer Schmerz` auch auf den physischen Körper auswirken und umgekehrt. Allerdings kann ich dies durch seelische Eigenschaften unterbinden (zum Beispiel kann ich jemanden *verzeihen*, eine andere Sicht einnehmen etc.). Umgekehrt kann ich aber keine seelischen Schmerzen durch das Heilen körperlicher Wunden verschließen. Dies macht ergänzend deutlich, dass hierarchisch gesehen (`Pyramidenform`) die Seele *eindeutig* über dem physischen Körper anzusiedeln ist. Weitere Beispiele hierzu werden im Verlaufe des Buches folgen.

Gehen wir zurück zu den Ihnen bekannten Sinnesorganen. Ich kann diese auch bestimmten Farben zuordnen. Bevor wir dies jedoch machen, möchte ich kurz darauf eingehen, dass es nicht nur Sinnesorgane gibt, sondern auch Tätigkeitsorgane (zum Beispiel Hände, Füße, Zunge, After, Geschlechtsteile). Als Tätigkeitsorgan hat die *Zunge* die Eigenschaft `Sprechen`. Als Sinnesorgan die Eigenschaft `Schmecken`. Hier wird wiederum klar, dass ein und das selbe Organ also *verschiedene* Eigenschaften besitzt, für welches es verwendet werden kann! Ohne die Sinnesorgane kann ich die Tätigkeitsorgane aber nicht wahrnehmen und benützen. Dies bedeutet, die Tätigkeitsorgane sind in hierarchischer Sicht (`Pyramidenform`) *unter* den Sinnesorganen unseres physischen Körpers anzusiedeln. Auch diese Tätigkeitsorgane sind farblich zuordenbar.

Treten wir den Nachweis an. Nehmen wir die Ihnen inzwischen allzu bekannte Farbe `**Blau**`, welche auf jene Region in uns *aufbauend* wirkt, welche wir mit `Verstand` gleichsetzen im Sprachgebrauch, auch wenn es **genau das** *Gegenteil* von dem ist, was wir mit `Verstand` gleichsetzen im Gedanklichen – Eine weitere *bewusst eingeführte* Sprachirritation, **welche *jene* Region beschreibt, welche am *Leichtesten zu beeinflussen* ist von `Außen`.**

Warum dies so ist, möchte ich hier nur am Rande einfügen: Weil diese Regionen eine *Schlüssel*-Funktion der *Verbindung* Geist (Seele) und Körper darstellt. In diesen Vernetzungs-(Übergangs-)Regionen treten somit auch die größten `Spannungen` auf, denn es ist sozusagen `*Die letzte Haltestelle*` vor dem `Seelenkörper`. Auch dies stelle ich als Behauptung in den Raum. Nicht mehr.

Nun ist `Blau` aber nicht unbedingt eine `schlechte Farbe`. Es gibt keine *schlechten* und *guten* Farben. Es gibt nur Eigenschaften, welche mit den jeweiligen Farben in Zusammenhang zu sehen sind und welche, in bestimmter Art angewendet, *hilfreich* sein können, in *anderer* Art angewendet aber *hemmend oder alles andere als hilfreich*.

Gehen wir deshalb in das Praxisbeispiel `Rot / Blau`. Erinnern wir uns: **Rot** hat die Eigenschaften, dass beim Delta- (Muskel-)Test `der rechte Arm *oben* bleibt`. **Blau** dagegen, `dass der rechte Arm sich *herunterdrücken* lässt`.

Rot wirkt also (wie andere Farben auch) **physisch** aufbauend. Solange man es nicht nur als *Instrument* benutzt, um dann einen Körper mit *physisch abbauenden* Stoffen zu versorgen. Dies alleine sagt bereits aus, dass die Farbe Rot `an sich` keine `gute` Farbe ist. Sie ist nur für manche Dinge (physischer Natur) förderlich, für andere hinderlich. So wie alle anderen Farben auch ihre Vor- und Nachteile haben.

Blau hingegen wirkt beim Delta-(Muskel-)Test physisch abbauend, aber wirkt *gleichzeitig* für den `Verstand` aufbauend, was wir feststellen, wenn wir mit dem blauen Gegenstand in der linken Hand an unsere Nasenspitze gehen.

Also geht es vereinfacht darum, eine Farbe zu finden, welche den `Verstand` *öffnet*, während eine *andere Farbe* (Rot) diesen verschließt (aber dafür *körperlich* aufbauend wirkt!). Dies soll nun im Besonderen nochmals verdeutlichen, dass es um alles andere geht, wie `Gut` oder `Schlecht` – *sondern* `dienlich` *oder* `nicht dienlich` für eine Aufgabe.

Blau im spezifischen wird im Elementaren zugeordnet zu `Luft`, bei den Sinnesorganen des physischen Körpers zu `Haut` und bei den Tätigkeitsorganen zu `Hand`.

Hierzu eine etwas nähere Auflistung:

Sinnesorgane (SO) des physischen Körpers und der Tätigkeitsorgane (TO):

Auge	(SO)	= *Feuer*	= Rot	= **GO***	(TO)
Ohr	(SO)	= *Feinst.*	= Schwarz (Indigo)	= **After**	(TO)
Nase	(SO)	= *Erde*	= Gelb	= **Fuß**	(TO)
Zunge	(SO)	= *Wasser*	= Weiß	= **Zunge**	(TO)
Haut	(SO)	= *Luft*	= Blau	= **Hand**	(TO)

* (GO = Geschlechtsorgan)

Nun können aber auch bei *Geruch* und *Geschmack, Gefühlen* sowie bei *Tönen* farbliche Zuordnungen gemacht werden:

	Ton:	Gefühl:	Geschmack	Geruch:	Farbe:
Feinstofflich	Mittel	-	-	-	schwarz
Luft:	Sehr hoch	kühl	scharf	säuerlich	blau
Feuer:	Hoch	heiß	brennend	beißend	rot
Wasser:	Tief	kalt	zusammen-ziehend	herb	weiß
Erde:	Sehr tief	warm	süß	süßlich	gelb

Warum nennen wir bestimmte Produkte wie `Red Bull`, welche die `mystische` Wirkung besitzen, die negative (körperlich abbauende) Wirkung von Stoffen wie Zucker und anderen Einflüssen *aufzuheben*, `**_Freezer_**`...?

Weil sie umgangssprachlich die *ursprüngliche* stoffliche (ebenso auch feinstoffliche, grobstoffliche) Wirkung eines Produktes oder Einflusses `einfriert` - bedeutet `**außer Kraft setzt**`. Ich habe dies an *jener* Stelle nochmals eingefügt, weil oben abgebildete Tabellen Ihnen verdeutlichen sollen, dass auch Ton, Gefühl, Geruch, Geschmack und Farbe mit körperlich auf- oder abbauenden Wirkungen auf unsere Physis oder Psyche kombiniert sind, nicht nur Stoffe wie Zucker.

Gehen wir mit diesen Erkenntnissen zu unserem Ausgangsthema *Kontakte und Botschaften* zurück und Sie werden verstehen, warum diese Erläuterung wichtig war.

Glauben Sie, dass Sie es immer merken, wenn ein Kontakt mit einer anderen Ebene stattfindet? Wahrscheinlich nicht. Noch nicht... Kontakte und Botschaften sind ja letztlich miteinander verwoben.

Es gibt viele Arten von Kontakten. Eine der Arten, von welcher Sie bisher vielleicht kaum etwas mitbekommen haben, beschreibe ich kurz. Was geschieht, wenn Sie eine *Idee* haben? Ich meine im Detail. Aufgeschlüsselt passiert folgendes: Sie haben plötzlich ein *Bild* in Ihrem Kopf, bringen es dann in eine für Sie logische Verbindung und `schnalzen mit dem Finger`. Eine Idee ist `geboren`.

Was ist eine Idee? Eine Idee ist oft eine Auffassung oder ein Weg, eine Lösung oder eine Sichtweise, auf die Sie bisher nie gekommen sind. Ihnen `geht ein Licht auf`... Manchmal wundern Sie sich darüber, woher dieser Einfall kommt. Beziehungsweise genauer gesagt: das Bild oder die Stimme... Durchaus möglich, dass Sie selbst tatsächlich dafür verantwortlich sind. Doch es gibt auch eine andere Möglichkeit: Manchmal ist es vielleicht tatsächlich im wahrsten Sinne des Wortes eine `EIN-gebung`. Ein `Input...`

Jan van Helsing gab an, eine regelrechte *Stimme* gehört zu haben, welche ihm während einer Autofahrt `erreichte` und ihm sagte `Schreib ein Buch über `diese und jene` Dinge`, was letztlich zu seinem ersten Buch `Geheimgesellschaften Band I` führte. Obwohl er bis dahin alles Mögliche in seinem Leben vor hatte, aber gewiss nicht `Buchautor zu werden`. Nachzulesen in seinem Roman `Die Innere Welt`, welcher reale Begebenheiten in einer fiktiven Rahmengeschichte erzählt. Übrigens auch ein doppelzüngiger Titel (wenn man den Inhalt kennt und zwischen den Zeilen liest). *Meiner Meinung nach...*

In den meisten Fällen grübeln wir oft vor einer Idee über eine bestimmte Sache oder Frage nach. Das heißt, wir sprechen in Gedanken mit uns selbst. Was wäre, wenn jemand diese Gedanken wahrgenommen hätte, oder `Etwas`? Plötzlich haben Sie ein Bild in Ihrem Kopf und sagen: `Genau! *Das ist es!*` Behalten Sie das einfach nur als Theorie im Hinterkopf. Denn wenn `Engel`(...) einen Jesus Christus, Johannes den Täufer oder auch Osama Bin Laden über Träume und Visionen warnen können, dann können diese sicherlich auch Ideen eingeben. Und dies hängt mit dem *vierten Schlüssel* zusammen.

Eine andere Möglichkeit wäre, wenn Sie zum Beispiel im Traum eine bestimmte Person treffen. Das geschieht bekanntlich andauernd. Aber was wäre, wenn ab und zu dort jemand auftaucht, der in Wirklichkeit gar nicht nur eine `Traumgestalt` ist und sich auf die gleiche Ebene, Ihre Träume, begibt, um mit Ihnen Kontakt aufzunehmen? Um Sie auf eine bestimmte Idee zu bringen? Sie zu warnen? Oder aus irgendeinem anderen Grund. Können Sie es ausschließen? Möglicherweise sind sogar ganze Traumabschnitte `Inputs`. Viele Menschen unterscheiden zum Beispiel zwischen *Träumen* und *Wahrträumen*. Vielleicht haben `Inputs` eine andere Frequenz und prägen sich also *tiefer* in unsere Wahrnehmung, als nur eine selbst kreierte Vortagesbewältigung `ohne wirklichen Sinn`. Vielleicht würden deshalb Menschen diese `Träume` (Inputs) unterbewusst anders einstufen und sagen: `*Das war kein Traum...*`. Können Sie es ausschließen? Besonders, wenn gerade diese intensiver wahrgenommenen `Träume` später *Realität werden?*

Dabei will ich nun nicht werten, ob das `Wahrgenommene` ein `Input` einer höheren Intelligenz, welche zum Beispiel außerirdisch ist, war, ein `Input` zur Matrix in das morphogenetische Feld um Sie. Es ist auch zu diesem Zeitpunkt nicht wichtig. **Wichtig ist die Erkenntnis, dass sowohl das eine wie auch das andere *möglich* ist.**

Und vielleicht sind Sie schon physisch einem Engel oder Außerirdischen begegnet, ohne es zu wissen? Weil er aussah wie wir. Als kleines Kind habe ich mich oft gefragt, ob die in den Heiligen Schriften mit Flügeln dargestellten Engel tatsächlich echte, wirkliche `Flügel` hatten, oder ob der Beobachter einfach nur das versucht hat, bildlich umzusetzen, was er sah. Zum Beispiel einen *`fliegenden Menschen`*. Wie und in was auch immer. Irgendetwas hat mich als kleines Kind dazu veranlasst, die Version `Engel mit Flügeln`, welche ihnen nach dem Vorbild der Vögel angeheftet waren, in die `Weihnachtsmannecke` zu verdrängen. Ohne dass ich es erklären konnte. Es war nur ein Gefühl.

Trinity hat Sie etwas früher im Buch in eine andere Realität mitgenommen: Jene, welche erscheint, wenn Sie die Augen schließen. Sie hat Ihnen dort einige Dinge gezeigt, Formen, die entstehen, Farben und Strukturen. Doch es gibt noch etwas anderes, dass in dieser Ebene auftaucht. Sie können 20 Minuten die Augen geschlossen halten, und nichts geschieht dort, außer Formen und Farben, die sich verändern und `herumirren`. Und plötzlich haben Sie glasklar ein Gesicht vor sich für den *Bruchteil einer Sekunde*, das Sie anschaut. Oder Sie sehen eine Landschaft, oder Personen in einer Landschaft, einen Gegenstand. Doch Sie können es nicht zuordnen. Denn es ist gleich wieder verschwunden. Manchmal geschieht dies nicht erst nach 20 Minuten, sondern schon wenige Sekunden, nachdem Sie die Augen geschlossen haben.

Vielleicht haben Sie das Gesehene immer verworfen und als Einbildung abgetan, als Traumgestalt, als zumindest nichts von Wert, was Sie weiterbringen könnte. Ist es nicht so?

Nun hat Trinity Ihnen gezeigt, dass ein roter Ball vor Ihrer Wahrnehmung erscheinen kann, ein schwarzer Balken oder was auch immer. Was bedeutet dies? Warum geht dies? Sie hat Ihnen bereits damals die Lösung gesagt. Ohne das Sie es womöglich als Lösung wahrgenommen haben. Was würde Sie überzeugen, dass Sie nicht verrückt sind? Wenn Sie von sich aus einen Kontakt aufbauen könnten *in diese Ebene*? Wenn Sie dann Dinge gezeigt bekommen, welche Sie überprüfen können – und sie *stimmen*? Dinge über die Zukunft, Hintergrundinformationen (zum Beispiel, dass Ihre Freundin / Ihr Freund Sie betrügt und mit wem – und später treten die Dinge *genauso* in der Realität ein)?

Wenn Sie das wirklich lernen wollen, dann ist der nächste Schlüssel die Lösung. Aber zuvor gibt es noch eine ernstzunehmende

! WARNUNG !

Wir sind alle neugierig. Sonst hätten Sie sich dieses Buch nicht besorgt und bis hierhin gelesen. Doch die Wahrheit ist oft nicht die bunte, schöne Blume, welche im Garten steht, sondern der tote Vogel unter ihr. Und es gab schon viele Menschen, die an der Wahrheit zerbrochen sind. Wenn Sie zum Beispiel erfahren, dass Ihre Freundin / Ihr Freund Sie betrügt, obwohl Sie es nicht glauben wollen, weil Sie diese Person lieben, dann wird die Wahrheit, wenn das Ereignis in der `Realität` eintreffen sollte, vielleicht Jahre Ihres Lebens zerstören. Denn viele wollen lieber eine heile Welt, selbst wenn diese auf eine Lüge aufgebaut ist.

! WARNUNG !

Sie werden vielleicht Dinge sehen, die vielen Menschen das Leben kosten, ohne es verhindern zu können. Es ist keine Schande, wenn Sie zu denen gehören, die aufgrund all dieser Dinge sagen: `Ich will es nicht wissen`. Es wäre nicht richtig, Ihnen einen Schlüssel zu verraten, ohne Sie auf die Gefahren hinzuweisen. Gehen Sie in sich, ob Sie schon reif für die Wahrheit sind. Überstürzen Sie nichts, nur weil es spektakulär klingt. Wenn jemand Polizist wird, muss er damit rechnen, irgendwann mit dem Tod konfrontiert zu werden. Mit Verzweiflung, Ungerechtigkeit sowie tragischen Unglücken. Wer damit nicht umgehen kann, sollte diesen Job meiden. Und so ist es auch hier.

Als Neo im zweiten Teil der Matrix-Trilogie mit Trinity schläft, sieht er plötzlich Ihren augenscheinlichen Tod vor sich, wie Sie schießend rückwärts von einem hohen Gebäude fällt. Es schockt ihn sehr. Und er kann ihr lange Zeit nicht sagen, was er gesehen hat.

Es liegt nun an Ihnen. Die Wahrheit läuft Ihnen nicht weg. Lesen Sie nur weiter / erst weiter, wenn Sie sich entschieden haben und glauben, auch mit Negativem umgehen zu können.

Der 8. Schlüssel:

Sie haben sich dazu entschlossen, den achten Schlüssel zu finden. Gut. Ich möchte Ihnen vorab noch etwas aus meiner eigenen Erfahrung sagen. Ich bin einmal fast an der Wahrheit zerbrochen, als sie später eintraf. Aber letztlich habe ich mich dazu entschlossen, die *Wahrheit* wissen zu wollen. Und nicht nur das, was mir gefällt. Denn nur daraus kann ich lernen. Ich wünsche Ihnen dasselbe für die Zukunft.

Bevor ein Kontakt stattfindet, gibt es natürlich die wichtigste Grundregel. Wenn ich telefonieren will, muss ich das Telefon nehmen, die Nummer wählen und den Hörer ans Ohr halten, damit ich meinen Gesprächspartner hören kann, wenn er sich meldet. Das klingt logisch. Aber ich sage es trotzdem. Denn die meisten Menschen scheitern schon daran, dass Sie das `Telefon` falsch bedienen, oder es gar nicht erst einschalten, und sich wundern, dass nichts passiert.

Wenn Sie einen Kontakt wollen in jene Ebene, die Trinity Ihnen beschrieben hat, dann rate ich Ihnen als erstes, sich zu entspannen und möglichst alle Umwelteinflüsse abzuschalten. Schon ein laufender Fernseher im Hintergrund kann dafür sorgen, dass Sie Ihren `Gesprächspartner nicht hören`, weil Sie nicht bei der Sache sind und zwei Dinge gleichzeitig machen. Dies ist besonders am Anfang wichtig. Denn Sie müssen erst eine gewisse *Sensitivität* entwickeln. Ist diese einmal da, können Sie auch medial werden, wenn der Fernseher im Hintergrund läuft, denn Sie wissen, worauf Sie achten müssen. Aber bis dahin bitte alle Ablenkungseinflüsse so weit wie möglich ausschalten.

Schließen Sie nun die Augen und entspannen Sie sich. Versuchen Sie zuerst einfach nur die Dinge zu beschreiben, die Sie sehen. Wenn es `weiße Punkte` sind, sagen Sie in Gedanken: `Aha, weiße Punkte...`; Wenn Sie eine rote Fläche sehen, sagen Sie in Gedanken zu sich: `Aha, eine rote Fläche...` Dieses Kommunizieren mit sich sorgt dafür, dass Sie Ihre komplette Aufmerksamkeit auf jene Dinge `vor Ihren Augen` richten. Machen Sie dies einfach meditativ 3 bis 5 Minuten. Nichts weiter.

Als nächster Schritt ist wichtig für Sie zu wissen, dass, wenn Sie einen Kontakt wollen, dies auch `sagen` müssen. Die Grundvoraussetzung für einen Kontakt ist, dass Sie davon überzeugt sind, dass dort draußen jemand ist, der Sie hören kann und auf Sie aufmerksam wird, wenn Sie signalisieren, dass Sie Kontakt wollen.

Nun kommen wir zu Trinitys Hinweis. Der Grundvoraussetzung für einen Kontakt. Trinity hat Sie gebeten, ein leeres Blatt Papier einige Minuten aus nächster Nähe anzuschauen und dann die Augen zu schließen, so dass Sie die

Umrisse des Blattes in seiner Komplementärfarbe vor sich sehen. *Wir kommen jetzt übersetzt zum `Wählvorgang`, bei dem das Telefon Sie verbindet.*

Warum habe ich Sie an dieses Beispiel erinnert? Trinity hat daraufhin zu Ihnen gesagt, Sie sollen durch die `weiße Schicht` *hindurch*schauen, ähnlich des Vorgangs, welchen die Bücher `Das magische Auge` beschrieben. Und Sie würden dort dann einen schwarzen Balken erkennen, welcher von links unten nach rechts oben verläuft (wenn Sie es wollen). Hinter dem `Weißen Vorhang`. DAS WAR DER HINWEIS!

Erinnern Sie sich daran: Trinity sagte, dass das `Weiß` die Komplementärfarbe des `Dimensionstores` ist, also nur ein Spiegeleffekt, dass aber wiederum das Tor verrät. Würden Sie jetzt einfach in Gedanken in die `Dunkelheit` sprechen, dass Sie einen Kontakt wollen, werden Sie sehr selten etwas wahrnehmen, weil Sie noch innerhalb `Ihrer` Dimension sind. Sie wollen aber einen Kontakt mit Wesen einer *anderen* Dimensionsebene. Sie müssen also geistig `hinfahren`.

Oder wie Neo es in Matrix zeigte: Durch den `Spiegel` *hindurch*fassen, um auf die andere Seite zu gelangen.

Das hat Trinity gemeint. Sie müssen durch den `weißen Vorhang` in die `Ferne` schauen, durch `das Blatt hindurch`, wie bei dem beschriebenen Buch. Schauen Sie so hindurch, dass Sie das `Weiß` nur noch unterbewusst wahrnehmen am Rande, weil Ihr Blick hindurchgedrungen ist und dort versucht, etwas zu erkennen. `*Auf der anderen Seite`.*

Wenn Sie an diesem Punkt angelangt sind, formulieren Sie Ihre Frage in Gedanken. Dann schicken Sie einen bildlichen Gedanken raus, der Sie in **der** Umgebung zeigt, in welcher Sie liegen. Stellen Sie sich vor, Sie würden von der Decke auf sich herabschauen. **Diesen Eindruck schicken Sie mit raus...**

Dann warten Sie. Nun gebe ich Ihnen zwei Varianten.

1.Variante:
Die eine Möglichkeit ist, dass Sie in Folge *direkt* etwas wahrnehmen in jener Umgebung. Wenn Sie eine Gestalt sehen, dann sprechen Sie mit ihr. Ich drücke mich sehr vereinfacht aus, denn würde ich ausführlich darüber berichten, müsste ich ein ganzes Buch nur über diese Technik schreiben, und wie man sie anwendet. Ich bin mir aber sicher, Sie werden dort Ihren eigenen Lernprozess haben und brauchen nicht den meinen.

Möglicherweise ist das `Hindurchschauen` durch die `Weiße Schicht` auch nur wiederum ein *Stützrad*. Doch dies spielt im 1.Semester keine Rolle. Als Sie womöglich Englisch gelernt haben, lehrte man Sie merkwürdige Dinge mit der Zunge, um bestimmte Laute richtig aussprechen zu können. Vielleicht haben Sie Übungen gemacht, in welchen Sie mit der Zunge die obere Zahnreihe berührten, um das englische `th` richtig auszusprechen. Und vielleicht geht es auch hier bei dem `Hindurchschauen` einfach darum, wie man seine Gedanken / Wahrnehmungen *hinaus* schickt.

Wichtig: Ist der Kontakt einmal zustande gekommen, brauchen Sie nicht mehr bewusst durch die `weiße Wand` zu schauen, denn die Telefonverbindung steht.

Dies ist die zweite Bedeutung im Film Matrix, was die Telefonverbindung angeht. Denn wie im Film wird sie zwischen zwei Dimensionen geschaltet. Ich habe sie deshalb bewusst zurückgehalten und an diese Stelle im Buch gesetzt.

Doch zurück zu unserem Kontakt. Wenn Sie auf diese Weise nun plötzlich vor Ihren Augen ein `Foto` oder Bild von einer anderen Person sehen, dann haben Sie den ersten Schritt geschafft. Auch wenn dieses Bild wieder verschwinden wird. Machen Sie sich keine Sorgen, dass ist normal. Speichern Sie das Bild in Ihrem Gedächtnis ab. Diese Person ist jemand, der gerade `Online` ist, also in der Matrix ebenfalls sucht.

Doch diese Person kennt Sie wahrscheinlich nicht. Sucht also nicht gezielt nach Ihnen. Und deshalb bekommen Sie nur eine Art `Foto` zu sehen als *Hinweis*. Wenn Sie wollen, dass diese Person Sie findet und kennen lernt, müssen *Sie* nun den nächsten Schritt machen. Sie werden gleich erfahren, wie.

Hinweis:
Sie werden feststellen, dass diese Bilder, welche Sie bekommen, tatsächlich `Fotos` sind, im bildlichen Sinne, also keine Filmabläufe. **Wenn Sie einen Kontakt wollen, sind die `Fotos` wichtig für Sie! Denn hinter den Fotos steckt eine `Person`, besser gesagt eine Wesenheit.** Ein Film hat eine andere Bedeutung. *Mit `ihm` können Sie nicht Kontakt aufnehmen, aber dafür mit dem `Verursacher`.*

Noch ein Tipp: Versuchen Sie diesen ersten Kontakte nicht bei Sonnenlicht, sondern im Dunkeln. Sonnenlicht wirkt auf Nervenzentren und Drüsen anregend. Das Sonnenlicht zieht unsere Sinne verstärkt ins Wachbewusstsein. Alles andere wird ins Unterbewusstsein verdrängt. Nachts ändert sich dies. Unsere Wahrnehmung verändert sich. Wenn Sie geübt sind in diesen Bereichen, dann können Sie auch die Kontakte bei strahlendem Sonnenschein wahrnehmen. Denn Ihre Wahrnehmung hat sich umgestellt. Bis dahin.

Wir sind nun an *dem* Punkt, dass Sie ein Foto von einer Ihnen unbekannten Person gesehen haben, welches wieder verschwunden ist.

<u>Nun machen Sie folgendes:</u> Nehmen Sie das *visualisierte* Bild dieser Person aus Ihrer Erinnerung und *stellen Sie sich vor*, Ihr Sichtfeld ist ein `Bildschirm`. Stellen Sie das visualisierte Bild in die *linke Hälfte* des `Bildschirms, so dass es diese *voll* einnimmt.

Nun nehmen Sie ein gedankliches Foto *von Ihnen* und stellen es in die *rechte Hälfte* des Bildschirms, so dass es jene ebenfalls voll einnimmt.

Nun denken Sie an die Person in der linken Hälfte und verlieren gleichzeitig den Bildschirm mit deren und Ihrem Bild nicht aus dem Gedächtnis. *Das ist wichtig, damit **sie** Sie finden kann!*

Halten Sie diesen Eindruck fest. Der `Operator` wählt nun in der Matrix und stellt den Kontakt zu dieser Person her, falls diese noch `online` ist. Nach einiger Zeit werden Sie jene Person wieder vor sich sehen, oder diese `hören`. Sie können *kommunizieren.*

<u>*Wichtig:*</u>
Diese Wesenheiten können weiterentwickelt sein als Sie ***oder auch nicht.*** Wenn der Kontakt zusammenbricht, **muss das nicht auf *Ihrem* Fehler beruhen!**

<u>*Ein letzter WICHTIGER Tipp für alle Kontaktarten über die Innere Ebene:*</u>
Versuchen Sie während des Kontaktes nicht, Einfluss auf die Person zu nehmen und ihr Worte in den Mund zu legen. Dann übernimmt *ihre* Fantasie das Bild der Kontaktperson, <u>denn beide Bereiche laufen auf der selben</u> Wahrnehmungsebene!

Schauen Sie nur auf die Person, stellen Sie ihr Fragen. Und halten Sie alle Steuerungsversuche des Hologramms zurück. Wenn Sie eine Frage gestellt haben, warten Sie auf die Antwort und lenken Sie Ihre Wahrnehmung <u>allein</u> auf die Betrachtung, damit Sie nicht unbewusst Einfluss nehmen.

<u>*Anfängertipp:*</u>
Wenn Sie damit Probleme haben, dann halten Sie die Luft an nach Ihrer Frage. Das hemmt Ihre Fremdeinflüsse zumindest soweit, dass Sie bei der Antwort Ihres Gegenüber wahrnehmen können, dass diese nicht von Ihnen beeinflusst wurde.

Testen Sie es nun in der Praxis. Ich wünsche Ihnen viel Erfolg.

2.Variante:
Die zweite Möglichkeit einer 'Kontaktaufnahme' ist das so genannte 'Fernwahrnehmen' (**Remote Viewing**), welches auch vom amerikanischen Geheimdienst CIA mit Erfolg angewendet wurde (Project 'Stargate'). Ehemalige Angehörige dieser Einheit bieten heute Seminare an, um diese Technik erlernen zu können. Im Zuge dieser Operationen wurden militärische Anlagen entdeckt, Geiselnahmen beendet und Entführte gefunden. Bis 1995 wurden über 20 Millionen Dollar für die Erforschung von Remote Viewing ausgegeben. Das Projekt wird derzeit unter anderem Namen und strengster Geheimhaltung weitergeführt.

Und hier wird besonders deutlich werden, warum die Zuordnungen im Vorwort dieses Kapitels bezüglich verschiedener Farben und Wahrnehmungen besonders notwendig und wichtig waren (auch wenn das Wissen darüber *generell* wichtig und notwendig war).

Wenn Sie es selbst einmal probieren möchten, hier eine kurze Beschreibung der wichtigsten Dinge.

Vorkenntnisse: Lernen Sie folgende **neun** *Symbole* und *Zuordnungen* auswendig und üben diese etwa 30 Minuten, bis Sie diese auswendig *malen* und *zuordnen* können:

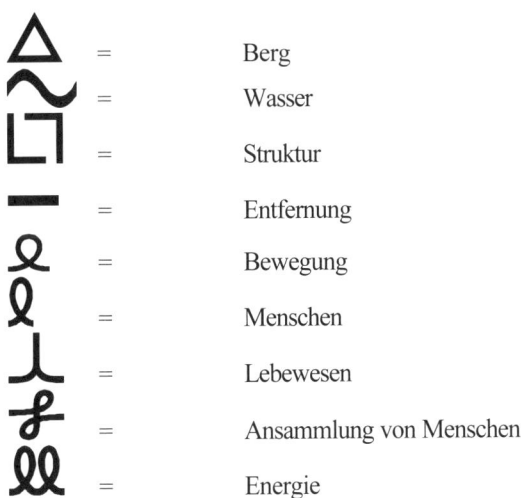

△	=	Berg
∼	=	Wasser
⊔	=	Struktur
—	=	Entfernung
℘	=	Bewegung
⅄	=	Menschen
⊥	=	Lebewesen
ϑ	=	Ansammlung von Menschen
ℳ	=	Energie

Holen Sie sich als erstes ein paar leere Blätter Papier und einen Stift.
Die Session wird in verschiedene `Stages` eingeteilt (Stage I, II, III, IV, V etc.). Eine Ihnen vertraute Person soll ein Bild oder Foto in einen Umschlag `verstecken` und auf diesen in die linke obere Ecke eine *Koordinate* schreiben (Nummer).

Stage I:

In die rechte obere Ecke schreiben Sie Datum und Uhrzeit vom Sessionbeginn. Die Nummer links ist der einzige Bezug zum Inhalt im Umschlag. Diese Koordinate hat auch immer einen Bezug zum Datum. Wenn zum Beispiel Ihre Session am 12.07.08 stattfindet, dann sind die ersten Ziffern der Koordinate in der linken oberen Ecke *071208*.

Monat und Tag werden in der Regel in englischer Schreibweise geschrieben, also 0712... – und nicht 12.07.

Dann schließen Sie die Augen und denken *an die Koordinate auf dem Blatt*, während Sie Ihren Stift auf dem Papier `gehen lassen` und spontan dazu malen, was Ihnen in den Sinn kommt. Dieses merkwürdige Gebilde nennt sich in der Fachsprache `*Illugramm*`.

Nun schreiben Sie neben das Illugramm alles auf, was Sie beim Zeichnen gefühlt haben, und gehen das Gekrakel nochmals Schritt für Schritt durch. Zum Beispiel: `Schnell, groß, abfallend, weit, gerade, ruhig, braun, zentral...`

Schreiben Sie alles auf, was Sie über dieses Illugramm fühlen und empfinden, beziehungsweise was Ihnen beim Zeichnen aufgefallen ist.

Das Bild hat optisch noch nichts mit dem zu tun, was Sie im Umschlag vorfinden werden.

Stage II:

Wiederholen Sie diesmal das Gekrakel auf einem zweiten Blatt, aber diesmal *bewusst*, um mehr Eindrücke in die Zeichnung mit hineinzubekommen.

Danach schreiben Sie wieder auf, was Sie fühlen, wahrnehmen und was Ihnen dazu in den Sinn kommt.

Wenn Sie keine zweite Person haben, welche Sie `führt`, dann fragen Sie sich selbst in einem gewissen Schema ab nach Stichworten wie *`Farben, Geräusche,*

Oberflächen, Abmessungen, Innen / Außen,   Gerüche, Energie, Künstlich?,
Merkmale`... und schreiben Sie zu jedem dieser Stichworte auf, welche Details
Ihnen dazu in den Sinn kommen.

Stage III:

Malen Sie eine *Skizze*. Versuchen Sie nun ein Bild von dem zu zeichnen, was Sie
wahrnehmen, und nicht nur ein Illugramm.

Danach ordnen Sie die *Details* der vorigen `Stages` bestimmten Regionen zu.
Also zum Beispiel: `**Wo** auf der Skizze ist es blau, **wo** auf der Skizze sehen Sie
grün, wo ist der Ort, wo Sie Wärme empfinden...` und so weiter.

Stage IV:

Fertigen Sie eine *Detailzeichnung* an, beziehungsweise Detailzeichnungen *über
bestimmte Regionen* der Skizze von `Stage III`, und ordnen Sie wieder die
Begriffe zu, also `wo ist etwas spitz, wo ist etwas rund` und so weiter.

Stage V und VI etc.

Meistens haben Sie als Anfänger nicht die Möglichkeit, von Stage V aufwärts
viele Informationen zusätzlich zu erhalten. Theoretisch geht es dort um
psychische Wahrnehmungen, Gefühle, auslösende Ursachen und anderes. Also
belassen wir es bei Stage I bis IV.

Für *jene*, welche hier *tiefer* vordringen wollen (Stage V aufwärts), kann ich nur
sagen:

Erinnern Sie sich bei übergeordneten Wahrnehmungen wie `Gefühlen`,
`Begründungen` und `Emotionen` (welches es in diesen Stages zu ergründen gilt)
an die Zuordnungstabellen des Vorwortes dieses Kapitels. Dies ist eine
Möglichkeit, bei *diesen* Stages Erfolg zu haben.

Theoretisch sind auch Sessions *in die Zukunft möglich* und schon gemacht
worden. Dazu brauchen Sie bei den Angaben der Koordinaten auch eine
Datumsangabe mit dem Datum in der Zukunft, welches Sie befragen wollen.
Diesmal ohne Bild in einem Umschlag. So können Sie zum Beispiel eine Session
starten, in der Sie fragen, *wo* Sie in 3 Jahren leben werden, am *X. August 200X*
und welche Eindrücke Sie für diesen Tag wahrnehmen. Namen, Bilder, etc.. Oder
wo Sie am X. Mai 200X um 20 Uhr sind... Und überprüfen es dann. Natürlich

möglichst ohne es zu beeinflussen. Aber auch *ohne es willentlich abzuwenden*, wenn Ihr Weg Sie dort *tatsächlich* hinführt.

Die Session sollte nicht länger als 45 Minuten dauern, da ansonsten die Konzentration stark nachlässt und zudem die Möglichkeit besteht, dass Sie `am Ziel vorbeilaufen`.

Wenn Sie danach noch nicht sicher über das Target sind, machen Sie nach einer Pause eine neue Session.

Remote-Viewing-Kurse und Seminare dauern normalerweise mehrere Tage bis hin zu einer starken Woche, um es einigermaßen zu erlernen und sicher anwenden zu können, also erwarten Sie nicht gleich nach dem ersten Versuch einen Volltreffer. Sie müssen sich erst in Selbstversuchen schulen, worauf Sie Ihre Wahrnehmung ausrichten und welche Bereiche Sie in sich ausschalten müssen. Dann wird es auch für Sie eine neue Erfahrung sein, welche hoffentlich mit Erfolg gekrönt ist.

Letzter Tipp, der auch für andere Praktiken im späteren Verlauf gilt:

*Versuchen Sie nur **das** zu beschreiben, was Sie **sehen** und fühlen, OHNE ES ZU WERTEN, denn die meisten Fehler geschehen bei **falschen persönlichen Interpretationen** über Daten und Bilder!*

Dies war der *achte Schlüssel*. Ich möchte zum Abschluss darauf hinweisen, dass es noch völlig andere Möglichkeiten gibt, mit der Matrix Kontakt aufzunehmen. Aber dieses Buch soll so einfach wie möglich gestaltet sein. Es soll keine vollständige Auflistung darstellen, sondern auf einfachste Weise erklären, was in Ihnen steckt. *Und in was für einer Welt Sie **wirklich** lebe.* Mehr nicht.

8. Hinweis: Datum NN3-CL-HS

8. Kapitel: Gedankenübertragung / Anwendung

Möglicherweise ist Ihnen etwas aufgefallen an diesem Buch, dessen *Aufbau* betreffend. Erinnern Sie sich an den *zweiten* Teil der Matrix-Trilogie und den `Schlüsselmacher`.

Uri Geller gab stets an, er habe sich in der Schule auf eine bestimmte Person während einer Klassenarbeit konzentriert, die gute Noten hatte. Dann habe er sich in diese Person hineinversetzt und `durch deren Augen` gesehen, was jene niederschrieb. Die Lehrer *wussten*, dass er abschrieb, denn er hatte die *gleichen* Fehler, wie seine Mitschüler, in welche er sich hineinversetzte. *Aber sie wussten nicht, wie...*

In Fernsehsendungen bittet Geller oft seinen Gegenüber sich auf eine Zeichnung zu konzentrieren, welche dieser in Uris Abwesenheit gemalt und in der Hosentasche versteckt hatte. Er bittet diese Person, die Umrisse der Zeichnung in Gedanken immer wieder zu umfahren. Uri konzentriert sich auf jene Person. Sein persönliches `Stützrad` ist, wie er nannte, *die bildliche Vorstellung eines Fernsehschirms*, auf welchem er jene Zeichnung in Gedanken zu visualisieren versucht, die sein Gegenüber in Gedanken nachzeichnet. Wenn er glaubt, dass Bild erfasst zu haben, zeichnet er das Gesehene ebenfalls auf. Danach bitte er jene Person, die Zeichnung aus ihrer Hosentasche zu holen, um einen Vergleich zu machen. *Die Ergebnisse sind für alle konservativen Kolumnisten verheerend.*

Durch meine persönlichen Erfahrungen mit Uri Geller und einen Test über die Entfernung Stuttgart – London vor einigen Jahren kann ich durchaus bestätigen, dass er nicht nur ein Zauberkünstler ist, wie seine Kritiker ihm unterstellen. Ich rate Ihnen zu diesem Thema zu den Büchern `Mein wundervolles Leben`, `Der Geller-Effekt` von Uri Geller oder dem Buch `Rätsel Uri Geller` von Colin Wilson. Gellers Fähigkeiten wurden bereits vor vielen Jahren unter strengsten Sicherheitsvorkehrungen an verschiedenen militärischen Einrichtungen getestet und für `echt` befunden. Auch wenn natürlich jeder Skeptiker dieser Welt gerne seine eigenen Tests mit ihm machen möchte, was natürlich nicht möglich ist. Und die positiven Tests anderer generell gerne in Zweifel zieht.
Doch Gedankenübertragung und deren Grundlage beginnt schon in gänzlich anderen Bereichen, ohne dass es Ihnen vielleicht bewusst war. Und *damit* wollen wir beginnen.

Ich komme nun zu einem Schlüssel, der ungemein wichtig sein kann und von vielen schon des Öfteren benützt wurde. Ich möchte Ihnen erklären, was hinter dem Vorgang des *Betens* steckt.

Der 9. Schlüssel:

Viele Menschen haben schon des Öfteren in Ihrem Leben gebetet und glauben fest daran, dass es ihnen geholfen hat.

Der Glaube an das Beten ist verhältnismäßig hoch. Deshalb hat es auch schon vielen geholfen.

Was machen Sie, wenn Sie beten? Sie falten Ihre Hände oder fügen Sie zusammen. Dann richten Sie Ihren Glauben zu Gott und bauen einen Kontakt auf. Es gibt inzwischen wissenschaftliche Studien, die belegen, dass das Beten hilft. `Es` kann heilen, Dinge wieder richten, helfen, Dinge zum Guten wenden.

Doch warum? Der eine Faktor ist, wie immer, der `Glaube`. Wer die Hände faltet, ohne zu `glauben`, wird auch nichts erreichen.

Der andere liegt in der Technik. Unsere Hände sind unsere physischen Werkzeuge. Wenn wir irgendetwas bauen wollen, benützen wir unsere Hände. Es `soll` Heiler geben, die mit Ihren Händen heilen. Es `soll` Wünschelrutengänger geben, die keine Rute brauchen, sondern den Ausschlag mit ihren Händen spüren. Uri Geller verbiegt durch das Auflegen seiner Hände Löffel und Gabeln. *Das heißt, wir haben sehr viel `Glauben` in unsere Hände...* Und dies macht sie zu etwas Besonderen.

Wenn wir sie **zusammenführen**, *verstärkt sich diese Energie* um ein *Vielfaches*. Und dies soll auch technisch erklären, was hinter dem Beten *wirklich* steckt:

Es ist ein `Verstärker`.

Wenn sie irgendetwas aus eigener Kraft *nicht* schaffen, dann beten die Menschen. So ist es doch.

Egal, was Sie tun – ob Sie nun abends im Bett liegen und Kontakt zu anderen Wesenheiten suchen oder auch nur durch Beten den Wunsch haben, zu erreichen, dass eine kurze Nacht Ihnen endlos erscheinen mag, wenn Sie mal wieder zu spät ins Bett gegangen sind – es ist immer effektiver, wenn Sie dabei beten. Der Wunsch alleine ist lange nicht so effektiv, wie wenn er an einen `Verstärker` angeschlossen wird...

Nützen Sie diesen Verstärker. Er wird Ihnen helfen, Ihre Ziele besser zu erreichen.

Doch an dieser Stelle möchte ich Sie an meinen Ausspruch im Vorwort erinnern. Stichwort `Gedankenübertragung`. Warum beten Menschen? Damit Gott sie erhört. Wenn dies aber tatsächlich eine Möglichkeit darstellt, damit Gott Sie erhört und das Beten ihren Wunsch *ausrichtet* / verstärkt – und tatsächlich dadurch ein `verstärkter` **Kontakt** *zustande kommt*, dann lege ich Ihnen nahe, *Beten nicht mit `bitten` zu verwechseln...*

`Selbst ist der `Mann`, dann wird Ihnen geholfen...` (3.Schlüssel). Und vielleicht helfen Sie Gott dabei, sein Himmelreich aufzurichten – und sich nicht nur an diesen unter Tränen zu wenden, *wenn es Ihnen schlecht geht*. Und halten Sie ihm keine Dinge vor, welche die Menschen *selbst* begangen haben in ihrem Egoismus und Machtstreben. Es gibt keinen `heiligen Krieg` – außer dem Frieden... Solange Sie Sonntags in die Kirche gehen und die 10 Gebote beten – einschließlich dem `Du sollst nicht töten` – und danach die Fliege an der Wand totschlagen, da sie Sie gerade beim Fernsehen stört – *warum sollte Gott Ihnen dann helfen*? Ich würde diese an seiner Stelle wohl kaum ernst nehmen. Und alles andere erledigt das persönliche Karma.

Der 9. Hinweis: Inhalt = / <MIH-1.0

! WARNUNG !

Missbrauchen Sie das Beten nicht! Wer für schlechte Dinge betet oder um anderen zu schaden, der wird den Verstärker nicht gegen eine andere Person richten, sondern gegen sich selbst!

! WARNUNG !

Ich habe es angesprochen. Manche Menschen versuchen, durch ihre Hände zu heilen. Dies bringt mich zu unserem nächsten Schlüssel...

Der 10. Schlüssel:

Wenn Menschen krank sind, so gibt es dafür *zwei* Gründe: Entweder hängt es mit ihrer Psyche zusammen (negative und destruktive Gedanken), oder sie werden durch Fremdeinflüsse krank.

Man sagt, dass außerirdische Zivilisationen nicht den Körper heilen, wenn jemand eine Krankheit hat, sondern in dessen Aura arbeiten, um die verursachenden Energiemuster wieder umzukehren. Ich möchte Ihnen heute ein paar kleine Tipps geben, wie Sie nicht wegen jeder Kleinigkeit zum Arzt rennen müssen, auch wenn dieser sich natürlich aus verschiedenen Gründen freuen würde.

An erster Stelle steht wie immer *der Glaube*. Danach gebe ich Ihnen folgende Hinweise und Tipps:

Wenn Sie sich an einer heißen Herdplatte verbrannt, Kopfweh oder sich verrenkt haben, dann *visualisieren* Sie den `Krankheitsherd`. Machen Sie ihn *bildlich*. **Dadurch wird er `handgreiflich` und besiegbar.**

Beim ersten Beispiel mit der Herdplatte stellen Sie sich vor, wie der Schmerz *bildlich* aus dem verbrannten Finger *austritt*. <u>*Machen Sie dies mehrere Minuten.*</u> *Gleichzeit* bauen Sie **bildlich** eine Blockade auf, zum Beispiel in Form einer Wand, die *verhindert*, dass der Schmerz zurück in den Finger gelangen kann. Sie werden sehen, *es wirkt Wunder.*

<u>Gleichzeitig visualisieren Sie einen **Gegenpol**. Bei *Hitze* lassen Sie *Kälte* aufkommen, bei *Verzerrung* **Entzerrung** *und so weiter.*</u>

Wenn Sie sich verrenkt haben, visualisieren Sie die Schmerzen und stellen sich wieder bildlich vor, wie diese aus dem Körper fließen. Sie bauen ebenfalls eine visuelle Wand auf, **die verhindert**, dass der Schmerz zurück in Ihren Körper gelangen kann.

Bei Kopfweh gibt es verschiedene Ursachen. Eine der häufigsten, welche problemlos heilbar ist, sind `negative` oder zu viele Gedanken über Probleme... Menschen, die sehr viel *über ihre Probleme* nachdenken, bekommen davon häufig Kopfweh und lösen damit auch andere Krankheiten aus. Der erste Weg zur Heilung ist es, nicht mehr das Schlechte zu `visualisieren`, so dass es Ihnen Schaden zufügen kann, sondern visuell eine Mauer in Ihrem Verstand zwischen Ihre Probleme und Ihre Schmerzen zu bauen. Damit die Probleme nicht mehr so nah an Sie herankommen.

Kopfweh durch psychischen Stress ist eine Art `Überhitzung`, wie bei einem elektrischen Gerät, das heiß läuft.

Wenn Sie diese Mauer in Zukunft sofort beim Auftauchen von Problemen in Ihrem Geist `aufrufen` (bildlich machen), dann werden Sie viel besser und gesünder mit Ihnen umgehen.

Wichtig! (und deshalb habe ich das Beispiel hier mit angeführt): Wenn Sie Kopfschmerzen aufgrund Visualisierung von Alltagsproblemen bekommen haben, **bringt es Ihnen nichts**, wenn Sie sich wie bei einer Verbrennung *die Schmerzen* bildlich machen, denn *diese* sind **nicht** die Ursache. **Sie müssen die *negativen Gedanken* bekämpfen, um zur Ruhe zu kommen.** Durch die hochgezogene Mauer in Ihrem Verstand. Wie beim Delta-*Muskel*-Test der rechte Arm, so ist hier natürlich die visuelle Mauer, welche Ihr Verstand aufbaut, eine Art *Hilfsmittel* (Gerätschaft), die es dem Ungeübten leichter macht, erfolgreich zum Ziel zu kommen.

Später, wenn Sie genügend Übung haben, werden Sie die Gedanken auch ohne bildliche Mauer nicht mehr so nah an sich heran lassen, dass sie Ihnen schaden können. Wenn Sie alles zu nahe an sich heranlassen, können unter Umständen Schlaganfälle, Herzanfälle oder andere Krankheiten die Folge sein.

Grundsätzlich gilt bei allen Krankheitsbildern, dass Sie das Urmuster (den Auslöser) umkehren müssen. Gelingt Ihnen dies nicht, dann haben Sie den Auslöser für eine Erkrankung noch nicht erkannt (gefunden) – und können es auch nicht visualisieren.

In diesem Fall gilt es erst das Auslösende für die Erkrankung zu lokalisieren. **Dann können Sie auch Hilfe in der Matrix suchen.** Vielleicht bekommen Sie etwas gezeigt, dass die Lösung ist. Versuchen Sie es.

Im Anschluss (ist der Auslöser lokalisiert) können Sie ihn visualisieren und *durch das `Gegenmuster`* aufheben.

Ich werde an dieser Stelle nicht sagen: `*Machen Sie jetzt den Praxistest*, denn ich wünsche Ihnen, dass Sie lange ohne Beschwerden leben. Aber wenn es so weit ist, bitte ich Sie, sich an diese Zeilen zu erinnern und den Praxistest zu machen...

Bei schweren Erkrankungen bitte immer einen Fachmann mit einbeziehen, wenn Sie es alleine nicht schaffen.

Wenn Sie all die Ihnen bislang vorgestellten `Übungen` machen, werden Sie *sensitiv für die Matrix*.

Sie werden sehr viel feinfühliger und Dinge wahrnehmen, die Sie zuvor nie beachtet haben. Hinweise, Warnungen, Hilfestellungen, Heilung und mehr. Treten Sie aus dem Schatten der Sklaverei. *Für immer.*

Und achten Sie auf die Programmierung Ihres `Karmas`. Laden Sie sich nicht mehr auf, als Sie tragen können, und lernen Sie, anderen verzeihen zu können und sich zu entschuldigen, wenn Sie einen Fehler gemacht haben. Wir alle machen Fehler.

Warum habe ich Beten und Heilen, jene Schlüssel, in diesem Kapitel hier mit aufgeführt? Da natürlich auch *sie* eine Form von `**Gedankenübertragung**` sind.

Es soll Ihnen deutlich machen, dass Gedankenübertragung existiert und möglich ist.

Doch kommen wir nun zu *dem* Schlüssel, den *Sie* vermutlich mit Gedankenübertragung versehen würden. Die Gedankenübertragung von *Mensch zu Mensch* / telephatische Kommunikation.

Der 10. Hinweis: `Gewohnt` wie immer. Über mir – Gehört

Der 11. Schlüssel:

An den vorangegangenen Beispielen können Sie ablesen, dass Gedankenübertragung *sehr wohl* existiert und funktioniert. Nur verstehen viele nicht, dass dies alles auf der*selben* Grundlage basiert. *Intuition* ist zum Beispiel ebenfalls sehr stark mit Gedankenübertragung verbunden. *Wir* nennen diese Übertragung, welche Sie unter dem Namen Intuition kennen, `*Flashs*`.

Es sind sehr kurze, oft unvollständige Übertragungen, welche durch die großen Emotionen auf der anderen Seite, wie zum Beispiel *Liebe, Todesangst, Schmerz,* etc. verursacht werden.

Ich habe Ihnen bereits berichtet, dass bei tragischen Ereignissen automatisch unser Wahrnehmungsvermögen bis auf das *44-fache* erhöht wird. Meistens denken Menschen, die in solch extreme Gefühls-Situationen wie Todesangst kommen, in der oben genannten Phase des so stark erhöhten Wahrnehmungsvermögens an *die* Menschen, welche ihnen am Herzen liegen. Und genau **diese** Verbindung zwischen personenbezogenen Gedanken und stark erhöhtem Wahrnehmungsvermögen erzeugt diese `Flashs`, welche *bei der geliebten Person* **ankommen** können und die diese als `*In*-tuition` empfangen kann.

Ein weiteres Beispiel von *Gedankenübertragung* ist jenes, `*Blicke von Hinten zu spüren*`. Auch hier hängt es mit der erhöhten Wahrnehmungsfähigkeit in dem besagten Moment zusammen, wenn ein Fremder eine Person von hinten anstarrt, was diese wiederum *spürt* und dazu veranlasst, sich umzudrehen.

Sie sehen, das Mysterium Gedankenübertragung *ist eigentlich gar keines*. Es ist zwar heutzutage bei den meisten Menschen nicht mehr sehr ausgeprägt, <u>*aber es ist da und sehr* **real**</u>.

Natürlich ist es von hier bis zu *jenem* Punkt, den Ihnen *Uri Geller* vormacht – `indem er `Sie` bittet, etwas auf ein Papier zu zeichnen, dieses in `Ihre` Taschen zu stecken und dann in Gedanken dieses bildlich nachzuzeichnen – damit er diese `Ihre` Gedanken ablesen und `aufzeichnen` kann, um zu dem gleichen gemalten Bild zu kommen`, *noch ein ganzes Stück...*

Aber es ist lange nicht so weit entfernt, als Sie denken.

Ein *anderes* Phänomen, das Uri Geller beherrscht, ist jenes, elektrische Geräte durch Gedankenkraft abzuschalten oder diese zum Stehen oder zum Laufen zu bringen. In Deutschland hielt Uri Geller auf diese Weise zum Beispiel eine

Schwebebahn an. Sie können dies in seinem Buch `Mein wunder-volles Leben` nachlesen.

Dabei ging es nicht um das Stoppen einer schweren Gondelbahn *mit massiven Kräften*, sondern um das Beeinflussen der elektrischen Anlagen, so dass sich der Strom in diesem Fall durch einen kleinen Kurzschluss abschaltete. Bei der Gondelbahn wurde schließlich festgestellt, dass sie noch *voll* intakt war. Lediglich *die Sicherungen waren durch Uris Einflussnahme herausgesprungen.*

Wenn Ihnen das weit hergeholt erscheint, oder wenn Sie denken, dass `Sie` das nicht können, nun, Sie sind vielleicht nicht über Jahrzehnte geschult, aber ist es Ihnen nicht *auch* schon einmal passiert, dass Sie einen 15 Jahre alten Fernseher hatten, der immer prima funktionierte. Eines Tages standen Sie vor diesem und dachten: `Man, das alte Ding läuft ja immer noch, es geht bestimmt bald kaputt!` – Und *prompt*, wenige Stunden oder Tage später, gab dieser seinen Geist auf...

Oder wie war es vielleicht bei Ihrem Auto...? Hat es nicht immer prima funktioniert, bis Sie eines Tages dachten, `hoffentlich passiert jetzt nicht `dies` oder `jenes`, das hält ja schon viel zu lange...` – und wenige Tage später tritt Ihre Befürchtung ein... Es basiert auf *der selben* Grundlage, auf welcher auch Uri Geller seine `Wunder` vollbringt. *Durch die Kraft der Gedanken.*

In dem Film Matrix ist eine interessante Szene: Neo geht im ersten Teil der Trilogie zum Orakel und sieht dort einige Kinder mit medialen Fähigkeiten, welche dort Dinge fliegen lassen und Löffel verbiegen. Der kleine Junge meinte zu Neo, er solle es auch einmal versuchen, und sagte dann einen interessanten Satz: `Versuche nicht den Löffel zu verbiegen, denn das ist nicht möglich! Versuche dir anstelle dessen vorzustellen, dass es den Löffel nicht gibt...` Als Neo den Rat befolgt, beginnt sich der Löffel in seiner Hand zu verbiegen.

Warum sage ich das? Es wurden selbst in hohen Militärkreisen schon *unzählige* `Löffelbiegetests` gestartet und vor Dutzenden von hochrangigen Zeugen durchgeführt. Dabei versuchte ein Soldat mit Hilfe seiner Gedanken den Löffel zu verbiegen, ohne das sich etwas tat. Nach einiger *Zeit gab er entnervt auf*, dachte wohl `Das gibt's doch gar nicht...`, und blickte zur Seite. In **diesem** Moment begann der Löffel sich *vor den Augen der Versammelten zu verbiegen.*

Uri Geller selbst versuchte einmal einen ganzen Tag lang in einer Einrichtung des Militärs einen Computer zu beeinflussen. Er saß den ganzen Tag davor, doch nichts tat sich. Nach vielen Stunden gab er entnervt auf. Just in *dem* Moment, als er sich weg drehte und aufgab, trat der gewünschte Effekt ein. Sicherlich hat er etwas wie `Das gibt`s nicht...` gedacht, als es nicht funktionieren wollte *und damit unbewusst vielleicht das Richtige getan?*

Kommen wir wieder zur Grundaussage zurück, nämlich dem *Phänomen der `Gedankenübertragung`.* Es ist also *viel mehr* dahinter, als `nur` mit anderen Leuten telephatisch zu sprechen. Denn all diese oben genannten Phänomene zeigen an, dass *Sie fast täglich damit* auf untergeordneter Basis *arbeiten,* ohne es als solche wahrzunehmen.

Die vorangegangenen Dinge sollten Ihnen etwas helfen, das Phänomen als *wahr und vorhanden anzunehmen.* Doch kommen wir nun zu der Form von Gedankenübertragung, an die wohl jeder von Ihnen denkt, wenn er das Wort hört. **Das Kommunizieren auf geistiger Ebene mit anderen menschlichen Wesen.**

Ebenso wie bei Ihren Kontaktversuchen zu anderen Dimensionen bitte ich Sie, alle Einflüsse, welche Sie ablenken könnten, auszuschalten. Sowohl Geräusche wie auch optische Wahrnehmungen. Am Besten ist es zu Beginn wieder, wenn Sie in einem abgedunkelten Raum liegen und die Augen geschlossen halten. Und auch hier gilt: Wenn Sie einmal darin geübt sind, werden Sie es vielleicht auch können, wenn der Fernseher nebenher läuft und die Sonne scheint. *Aber bis dahin:*
Sie haben die Augen nun geschlossen. Erinnern Sie sich nun an jene Beschreibung im Kontakt mit anderen Wesen aus einer anderen Dimension, als ich Ihnen sagte, Sie sollen das Bild der anderen Person auf die linke Seite Ihrer sichtbarem Wahrnehmung legen, bis es den Raum voll ausfüllt.

Das machen Sie nun ebenfalls. Nehmen Sie jetzt das Bild der Person, mit welcher Sie in Kontakt treten wollen, auf die linke Seite, auf die rechte Seite Ihrer Wahrnehmung legen Sie wieder ein Bild von sich, bis es den rechten Raum ausfüllt.

Warten Sie etwas. Sie wollen einen Menschen erreichen, der irgendwo im Alltag steckt und wahrscheinlich gerade *total* abgelenkt ist und nicht wie Sie im `Stillen Kämmerlein` liegt und an Sie denkt.

Legen Sie nun die beiden Bilder von sich und dem Menschen, welchen Sie kontaktieren wollen, vor Ihrem geistigen Auge ***übereinander.***

Versuchen Sie nun, in den Körper der Person `einzudringen`, indem Sie versuchen durch die Augen der Kontaktperson zu *sehen.* Durch die Nase der Kontaktperson zu *riechen.* Durch den Mund der Kontaktperson zu *atmen.*

Nehmen Sie für kurze Zeit den Körper der Kontaktperson an. Sie sind in ihr. Verschmelzen Sie Ihren Körper mit dem der Kontaktperson. Denken Sie mit dem intensiven Bewusstsein, dass Sie die betreffende Person *sind* und sie (diese Person) diesen Gedanken in sich denkt.

Denken Sie also voll konzentriert an die Person, mit der Sie in Verbindung treten wollen. Sie sehen sie in Ihrem Inneren – ihre Gestalt, ihr Gesicht, ihre Augen, und Sie bilden sich ein, Sie seien *sie*, bis Sie tatsächlich das Gefühl haben, dass ihre Hände die *Ihren* sind und ihr Körper der *Ihre*.

Wir haben gelernt, dass es zu so genannten `Flashs` kommen kann, wenn man ein Erlebnis hat mit *erhöhter Wahrnehmung*. Falls Sie mit dieser Person ein Erlebnis verbindet, welches starke Gefühle *in beiden* auslöste, zum Beispiel *Liebe* – in Verbindung *mit einem bestimmten Ort*, dann denken Sie jetzt an ***dieses*** Erlebnis, welches Sie damals zusammen *mit* dieser Person in erhöhter Wahrnehmungsfähigkeit aufgenommen haben. Dieser `Flash` kann dafür sorgen, dass er in die Intuition der Betreffenden gelangt und sie ihre Aufmerksamkeit auf *SIE* lenkt beziehungsweise ihre Gedanken. Das wäre optimal.

Telephatie-Experiment mit *eingeweihter* Person:

Eine andere optimale Lösung wäre der *Drei-Phasen-Aufbau* mit einer Person, welche Ihnen bei den Übungen hilft und es zusammen mit Ihnen versucht. In diesem Fall wäre die *erste Phase*, in Anwesenheit der betreffenden Person zu üben, mit welcher Sie einen Kontakt schaffen wollen, und zwar *so*, dass sie sich auf Sie einstellt.

Die *zweite Phase* wäre es, dieselbe Übung zu einer im Voraus vereinbarten Zeit *aus der Ferne* zu wiederholen, wobei jeder weiß, dass der andere sich auf einen konzentriert.

Die *dritte Phase* wäre es, wenn Sie der Person durch einen Fernkontakt etwas mitteilen, *ohne das diese davon im Voraus weiß*.

Telepathie-Kontakt zu *nicht eingeweihter* Person:

Haben Sie diese Möglichkeit nicht, dann müssen Sie logischer Weise mit der dritten Phase beginnen. Die `Flashs` wieder in einer Person zu aktivieren, wäre eine der Möglichkeiten, *deren* Aufmerksamkeit auf *Sie* zu lenken.

Eine andere wäre es, dass Sie versuchen, so mit ihr zu verschmelzen, ihren Körper so zu fühlen, als sei es Ihrer. Und deren Gedanken wahrzunehmen, welche die Person denkt, während Sie ein Teil von ihr sind und durch ihren Mund atmen und durch ihre Augen sehen. In dieser Phase übernehmen Sie für einen kurzen Moment ihre Gedanken, indem Sie in deren Gedanken zum Beispiel sagen: `*Wie geht es eigentlich Person XY (Ihnen)?*`

Sobald Sie (durch dieses `Eindringen` in deren Verstand) die ihre (zu kontaktierende) Aufmerksamkeit auf *Sie (den Kontaktsuchenden)* gelenkt haben, wird sie Sie auch eher wahrnehmen.

Wenn Sie dies *nicht* machen, ist die Wahrscheinlichkeit fast 100%, dass sie Ihre Gedanken (mit denen Sie auf sich aufmerksam machen wollen) als die eigenen interpretiert, auch wenn sie sich vielleicht wundert, was für Gedanken in ihrem Kopf hochkommen. Vergessen Sie nicht: Wenn Sie mit jemanden Kontakt aufnehmen wollen, der *nicht* geschult ist, *dann wird das nicht so ablaufen, wie Sie das gerne hätten.* Die Person wird den `Input` vielleicht verdrängen, ist abgelenkt (zum Beispiel in einer Disco oder im Theater), oder macht sonst etwas... Machen Sie deshalb nicht *den* Fehler, sofort zu denken: `*Die Sache funktioniert nicht*`, wenn es nicht auf Anhieb klappt.

1. Tipp:

Am leichtesten erreichen Sie eine ungeübte Person, wenn diese ebenfalls nicht mehr durch äußerliche Reize abgelenkt wird, also zum Beispiel abends im Bett.

2. Tipp:

Senden Sie der Person Informationen über Sie in Form eines Bildes zu, damit Sie vielleicht erkennt, wer Sie kontaktieren will. Telephatische Wahrnehmung läuft oft auf einer unterbewussten Ebene. Es ist *jene* Ebene, in welcher Sie im Wachbewusstsein Ihre Fantasien sehen als `Wasserzeichenfilm` – und jene Ebene, in welcher Sie ihre eigenen Gedanken hören.

Wenn Sie also auf eine Antwort warten, dann hören Sie in diese Ebene. *Denn dort wird die Antwort ankommen.*

Wenn eine starke Verbundenheit zwischen Ihnen und dieser Person vorhanden ist, erhöht sich die Wahrnehmung der Vorgänge und verdrängt das Tagesbewusstsein.

Sie haben aber auch die Möglichkeit, diese Person zu sehen. Auf jener Ebene und jene Weise, wie ich sie beschrieben habe.

Aber auch hier gilt: Wenn Sie auf jemanden treffen, der ungeübt ist und keine Erfahrungen hat, dann werden Sie vermutlich enttäuscht sein. Da die andere Seite dies nicht zuordnen kann.

WICHTIG:

Lernen Sie, dass Ihre Gedanken *nicht* frei sind. Wenn Sie telephatisch mit jemandem kommunizieren, dann hört dieser alles, was Sie denken. Also auch *die* Dinge, welche Ihnen in den Sinn kommen, obwohl Sie es nicht wollen.

Manchmal wird es Ihnen passieren, dass Sie genau an *jene* Dinge denken, welche Sie nicht denken wollen, ganz einfach, weil Sie *Angst davor haben*, diese Dinge zu denken. Treffen Sie auf eine höhere Zivilisation, so ist dies kein Problem. Denn diese erkennen an Ihrem Emotionalfeld, dass Sie es nicht so meinen. Aber ein Mensch auf normaler Ebene Ihres `Noch`-Bewusstseins wird denken, Sie meinen das, was Sie denken. *Dies gilt auch umgekehrt.* Legen Sie nicht jede Wahrnehmung und Wortwahl auf die Goldwaage, die Sie empfangen, wenn sie von einer Person kommt, die damit noch nicht umgehen kann. *Es ist nun mal nicht leicht...*

Sie sehen, es gibt mehr zu beachten, als man denkt. Und es ist lange nicht so einfach, wie man denkt. Außerirdische Zivilisationen beginnen deshalb bei ihrer Kontaktnahme erst einmal damit, dass sie den Betreffenden in die `erste Klasse` schicken und die heißt: `**Reinige deine Gedanken...**`

Das geht nicht von heute auf morgen. Denn Sie haben jahrelang `frei` gedacht. **Es dauert unter Umständen *Jahre***, bis die Außerirdischen Sie als einigermaßen `intelligenten` Gesprächspartner ansehen, mit dem man kommunizieren kann, und nicht bei jeder Kommunikation nach jedem zweiten Wort eine `*nackte Frau*` auftaucht oder `*ein Fallbeil, dass jemanden köpft*`. Doch es geht nicht anders. **Sie wollen etwas lernen, was evolutionär bei Ihnen noch nicht ausgeprägt ist. Also müssen Sie ganz *unten* anfangen. *Das ist die Realität.***

Der Vollständigkeit halber möchte ich hier noch anmerken, dass es durchaus Kontakte gibt, die **SO** deutlich sind, als wäre die Person *direkt neben Ihnen im Zimmer*, und Bilder und Filmabläufe, die **SO** real sind, *als säßen Sie im Kino.*

Zuletzt genannte Intensität kann entweder durch *technische* Mittel (Gerätschaften) einer höheren Zivilisation hervorgerufen werden, oder durch telepathischen Kontakt zu einer Person, welche evolutionär unserer Zivilisation weit voraus ist.

Vergessen Sie nicht: es ist nur die `*erste* Klavierstunde`.

Was Sie daraus machen, ist *Ihre* Sache. Es sind genügend Grundlagen in diesem Buch an Sie weitergegeben worden, welche Ihnen all *das* ermöglichen können, *was Sie suchen.* Doch es wird nicht geschehen, wenn Sie es nicht wollen. *Sie* müssen den Weg einschlagen. Sie haben dieses Buch gefunden. Man könnte auch sagen, dass Buch hat *Sie* gefunden... Doch nun wird es an Ihnen liegen. Es ist wie im Leben. Wenn Sie Ihre *Traum*frau nicht ansprechen, wenn Sie an dieser vorbeilaufen, *dann werden Sie sie vermutlich nicht kennenlernen.* und weiter nur von ihr träumen. **Das war der *elfte Schlüssel.***

Gehen Sie nun Ihren Weg. Gehen Sie in die Praxis. Denn von Nichts kommt Nichts.

Haben Sie es geschafft? Gut. Dann gehören Sie zu den `*Neuen Boten*`.

Sie haben Dinge erfahren, die Ihr Leben für immer verändern können. Wenn Sie daran glauben. Ohne das Sie ein teures Seminar besuchen mussten. Ohne das Sie einem okkulten Zirkel beitreten oder bis in alle Ewigkeit suchen mussten. **Heute ist vielleicht der *Tag X*, auf den Sie Ihr ganzes Leben lang gewartet haben!** Die Suche hat ein Ende. Doch die Wahrheit ist bitter. Legen Sie die Fesseln der

Sklaverei ab und lehren Sie anderen das Wissen, welches Sie vermittelt bekommen haben. Kostenlos. Ohne teure Seminare... Es ist an der Zeit, die `Stromzähler` abzustellen, welche Sie knechten und in die Verschuldung treiben.

Lehren Sie sich – und andere. Die letzten Tage sind gekommen. Der erste Stein ist gefallen.

Jene Geheimnisse, die ich Ihnen in den 11 Schlüsseln offenbart habe, **werden Ihnen das Tor öffnen**. 11 Schlüssel, 11 Räume...

Das Tor 11:11

Der Wille ist der Weg.

Ein letzter Hinweis zu den Hinweisen der unter den jeweiligen Schlüsseln genannten verschlüsselten Botschaften: Die jeweilige Lösung ist immer mit dem jeweiligen Schlüssel verbunden und mit dessen Anwendung auffindbar.

Werden diese 11 Rätsel gelöst und zusammenfügt, dann wird hinter diesen eine Frage als Lösung erscheinen.

Wer diese Frage richtig beantworten kann, den wird die Antwort zu etwas führen (hinleiten). Wenn man beginnt zu suchen... Das ist der Sinn. Doch die Zahl derer, welche dort ankommt, wird nicht groß sein.

Der 11. Hinweis: Das DoR-V. IBM. HS.-I LV U L, VR.

9. Kapitel: Der Endraum

Sie haben nun die Schlüssel, welche Sie benötigen. Sie haben alle Räume betreten, welche Ihnen offenbart wurden. Nun sind Sie im letzten der Räume: Im *Endraum*.

Hier wird Ihnen noch ein letztes Geheimnis offenbart. Es gibt noch *viele* Schlüssel und *viele* Räume. Doch diese werden für Sie wahrscheinlich *so* lange verschlossen bleiben, bis Sie das gelernt haben, was Ihnen gelehrt wurde – und es leben. Manche werden auch nicht in diesem Leben an Sie vergeben, denn Evolution braucht seine Zeit. Auch in *Ihrer* Welt. *Besonders in Ihrer Welt...*

Sie werden intuitiv wissen, wie es weitergeht. Und es wird kein leichter Weg sein. Doch er wird in die Befreiung führen. Sie werden mehr über die Welt erfahren, wenn Sie danach suchen.

Als Sie dieses Buch gefunden haben, hat sich die erste Türe für Sie *geöffnet*. Nun sind Sie im hinteren Zimmer. Von nun an müssen Sie Ihren Weg alleine gehen. Nehmen Sie die Werkzeuge mit, welche ich Ihnen gegeben habe.

Ich habe Ihnen damals gezeigt, wie man schädliche und herabziehende Nahrungsmittel mit dem Delta-Test erkennt. Und nun gebe ich Ihnen einen Hinweis auf den nächsten Schlüssel.

Dieser Schlüssel macht den Delta-Test *überflüssig*. Mit ihm werden Sie ihn nicht mehr brauchen... Mit ihm können Sie schädliche Sachen essen *und in positive umwandeln...* Sie werden keine Gefahr mehr für Sie sein. Vergessen Sie nicht den Symbolismus eines Schlüssels: *Er schließt etwas auf.* In diesem Fall *Wissen*, dass nicht zugänglich war... Wenn Sie diesen Schlüssel finden, dann werden Sie vielleicht auch den nächsten finden. Wann und wo – und ob... *Ich weiß es nicht.* Der eine *früher*, der andere *später*, der Dritte *überhaupt nicht.*

Er ist vom Tor 11:11 getrennt aufgeführt. Die Antwort hierfür ist einfach, wenn Sie den 12. Schlüssel kennen. Haben Sie also etwas Geduld.

<u>Eines vorweg:</u> Hierfür gibt es verschiedene Gründe. Der erste ist eine mathematische Lösung. Mathematisch ist 11:11= $\underline{1}$. Nehmen wir die Quersumme

der 11, dann würde dort stehen: 2:2=1 ... Das Ergebnis ist also *immer* Eins... Der Sinn dahinter besagt:

`Benutze das Tor 11:11. Oder, falls Du es beherrschst, den 12. Schlüssel, welcher das *Tor 11:11* in **einem einzigen Schlüssel** *ist*, wenn man damit umgehen kann...`

Sie werden es wahrscheinlich nicht schaffen, ohne jahrelange Praxisausübung durch die Öffnung des Tores 11:11. Auch das kann ich Ihnen versprechen.

Mathematisch ist der Zwölfte Schlüssel theoretisch das Tor 12:12 – auch wenn es so nicht existiert, weil die Tore 1-11 *aufbauend* (im Sinne von zusammenfügend) sind / das Tor 12 aber die *Alternative* zu 11:11 ist, mit den selben Möglichkeiten.

Mathematisch ist aber 12:12 in der Quersumme 3:3. Und 3:3=1. Es ergibt also das gleiche Ergebnis wie 11:11.

Es spielt keine Rolle, dass dies nun Zufall ist. Wichtig ist, dass es auch in jener Form stimmig ist. Dies gilt ebenso für meine Erklärung zum Tor 11:11 als *Symbolik*. Denn das Tor 11:11 (lassen wir das esoterische Geschwafel von einigen einmal weg) wird in *allen dieses Thema behandelnden* Schriften als **jenes** Tor bezeichnet, welches das Bewusstsein für den Aufstieg in eine höhere Dimension verschließt. Beziehungsweise den Aufstieg in die nächste Dimension *ermöglicht (öffnet)*. Und dabei wiederum geht es um *nichts anderes*, als um das Wiedererlangen oder Erkennen der dazu notwendigen Grundlagen und Weisheiten für jene, welche es schaffen, dass Tor 11:11 zu *durchschreiten* – eine **Bewusstseinsveränderung** (Bewusstwerdung). Und *nichts anderes* habe ich Ihnen in diesem Büchlein aufgezeigt.

Der 12. Schlüssel hat Sie dann zu interessieren, wenn Sie das Tor 11:11 `durchschritten` haben. Doch die Theorie und seine Ursprünge nenne ich Ihnen gerne jetzt schon.

Erinnern Sie sich an die Wirkung von `Red Bull`? Das heißt, es existieren tatsächlich Stoffe, welche die Inversion **aufheben** machen! Als *zweiten* Hinweis erinnere ich Sie an den Delta-Test, welcher ursprünglich für Sie aus dem Delta-*Muskel*-Test entstanden ist. Und der *Unterschied* war jener, dass der Delta-Test nur im Geiste projiziert wird, aber ebenso genau ist wie der `Praxistest` (Delta-*Muskel*-Test). Nun erinnere ich Sie daran, dass es in einer Pyramide ein Kraftzentrum gibt, welches in deren oberen Hälfte liegt und dieselben Auswirkungen beim Delta-Test hat wie `Red Bull`. Jene Zone hebt die Inversion von was auch immer auf, befindet man sich im Inneren der Pyramide in diesem Bereich.

Nun, Sie können aber nicht Ihr Leben lang in einer Pyramide sitzen bleiben. Deshalb erinnere ich Sie an das Kapitel mit Trinity, welche nicht zufällig das Kapitel über die Kraft der Pyramiden `erhalten` hat. Und in diesem Kapitel hat Trinity Sie aufgefordert, sich geistig ein Symbol vorzustellen (Viereck, Kreis, Quadrat, etc.) und dieses so zu `vergrößern`, dass Sie hindurch schreiten können.

Der Hinweis auf den 12. Schlüssel ist jener, diesmal *das* zu vergrößern, was all diese oben genannten Dinge (Viereck, Kreis, Quadrat) in **einem** Gebilde *vereint*. Eine Pyramide!

Vergrößern Sie diese *soweit*, dass Sie in sie steigen können, in den oberen Bereich. <u>Und dort bleiben Sie!</u>

Der nächste Hinweis hat mit den Farben zu tun. Steigen Sie in eine *blaue* Pyramide, werden Sie in deren oberen Teil nichts erreichen. `Ein Stück Schokolade bleibt dort ein Stück Schokolade`... Steigen Sie aber in eine *rote* Pyramide, dann werden Sie in der oberen Hälfte den gewünschten Effekt verspüren. Eine „Rot-Orangene" Pyramide finden Sie, wie erwähnt, als Kraftfeld auch in dem Buch „Mein wunder-volles Leben" von Uri Geller. Es ist aber sehr schwer, ständig an eine rote Pyramide zu denken und sich in dieser zu sehen, ohne davon abzukommen. Deshalb verrate ich Ihnen eine Alternative: Stellen Sie sich eine *durchsichtige*, *gläserne* Pyramide vor. Es hat denselben Effekt wie die rote. Uri Geller besitzt übrigens eine große rote Glaspyramide in seinem Garten in London, die begehbar ist.

Hilfestellung: Wenn Sie an eine rote Pyramide denken und *deren Energien aufnehmen wollen*, dann **wiederholen** Sie das *Iinitial*-Wort (in diesem Fall `Rot`) **mehrmals hintereinander!**

<u>Dieser Grundsatz gilt generell für den Delta(-Muskel) Test.</u>

Was ist eine Pyramide? Sie haben erfahren, dass es für *manche* Tests (wie die genannten) nicht wichtig ist, welchen Winkel die Pyramide besitzt. Warum? Weil Sie immer die `obere` innere Hälfte der Pyramide genutzt haben. Unten `ging nichts`.

Noch ein Hinweis ist wichtig: Bisher haben Sie es *intuitiv* richtig gemacht – aber ich möchte es nochmals beim Namen nennen. Wichtig ist nicht nur die `Obere Hälfte`, sondern auch `Mittig` zu sein, wenn Sie die *stärkste* Energie nutzen wollen. Die Tatsache, dass Sie dies intuitiv wussten, ohne dass ich dies angab, sollte ein weiterer Test für Sie sein, dass bestimmte Dinge in Ihnen sind, wenn auch `verschüttet`.

Woher `weiß` aber eine Pyramide, was `oben` ist? Und `warum`?

Tatsache ist, die Pyramide `weiß` es eigentlich gar nicht. Aber `Sie`! Würden *Sie* Ihre Wahrnehmung *verändern* und sich in Ihren Gedanken an eine andere Querseite der Pyramide stellen – und nun *überzeugt denken* `Unten ist oben`, obwohl eigentlich *physikalisch* `Oben unten ist`, dann verschieben sich auch die Kraftzonen, so dass diese wieder `über` Ihnen sind, beziehungsweise `oben` (beim Delta(-Muskel) Test.

Ich glaube, einen deutlicheren Hinweis kann ich Ihnen nicht geben.

Sie sind das Placebo!

Nicht die Pyramide. *Nicht* die Pille aus Backpulver. Und auch *nicht* der Essig, welcher nicht mehr brennt, wenn Sie ihn auf eine Wunde schmieren, weil Sie statt an Essig an `kühles Wasser` und `Milde` denken.

Also reden wir nicht mehr über `Die Kraft der Pyramiden`, Rot und Blau... Denn wenn Sie den 12.Schlüssel beherrschen, *gibt es nichts Negatives* mehr im Blau.

Das war der Zwölfte Schlüssel!

Doch all das, was ich Ihnen erzählt habe, soll Ihnen auch verdeutlichen, warum Sie den Zwölften Schlüssel *nicht richtig anwenden können*, bevor Sie nicht durch das Tor 11:11 gegangen sind. Denn auf was sollen Sie achten, wenn Sie nicht wissen, worum es geht?

Wie wollen Sie etwas `Aufbauendes` finden, wenn Sie nicht wissen, was `Abbauend` ist?

Wie wollen Sie ein Krankheitsmuster auflösen, wenn Sie die wahre Ursache *nicht kennen* und *so* das Gegenmuster nicht anwenden können?

All dies lernen Sie nur durch Praxistests. Durch Erfahrung. All diese Erfahrungen lernen Sie in den nächsten Jahren durch 11:11.

Der 12. Schlüssel *beinhaltet* also *das Anwenden aller 11 vorangegangenen Schlüssel,* **um dann** durch die `Innere Pyramide` aber `aus Blau *Rot*` zu machen. ***In der Praxis.***

Und *überall* dort, wo Sie das Tor 11:11 bereits geöffnet haben, können Sie beginnen, den 12. Schlüssel in das Schloss zu stecken. Und am Ende werden Sie kein `Red Bull` mehr brauchen (Kleiner Scherz). Denn, und das ist nun wirklich der *letzte* Hinweis: **dann sind *Sie* `Red Bull`**...

Ich hoffe, Sie haben verstanden.

Der Wille ist der Weg.

CODE: XXXX.XXXX.XXXX.XXXX

(Hinter diesem X-Code verbirgt sich ein Geheimnis, welches im Buch nicht erklärt wird. Doch möglicherweise werden Sie seine Bedeutung irgendwann erfahren. Nur soviel: Sind die genannten Schlüssel die Türöffner zu den 11 Räumen, so ist das Geheimnis hinter dem `Code` und dessen Sinn der Generalschlüssel)

Es ist eine Botschaft. Finden Sie die Zahl – Dann finden Sie die Hintergründe...

Schlusswort: *Zum Verständnis*:

Sie können eine Pyramide auch `öffnen`... Dies bedeutet, die Kraftzone im oberen Teil der Pyramide öffnen und dafür sorgen, dass diese sich wie ein `Springbrunnen` im `Außen` verteilt. Kennen Sie den Film *Hellraiser*? Das Tor zur anderen Dimension wurde dort geöffnet, indem ein Würfel seine Form verändert hat. In was für eine Form? In 2 gegeneinander gerichtete Pyramiden.

Dies stimmt (zufällig?). Wenn Sie eine Pyramide *öffnen* wollen, dann sollte im Inneren dieser eine *zweite* Pyramide stehen, welche aber auf dem `Kopf` steht (mit der Spitze nach unten), also um 180° gedreht. Diese zweite Pyramide im Inneren *muss so groß sein*, dass deren 4 untere Seitenflächen (welche ein Quadrat ergeben und nun **in diesem Beispiel** seitenverkehrt *oben* sind) <u>über die Kanten der äußeren Pyramide hinausstehen.</u>

<u>Dadurch wird die äußere Pyramide `geöffnet`.</u>

<u>Es dauert allerdings einige Tage (je nach Größe der Pyramide), bis sich das Kraftzentrum im Raum (Zimmer) ausgebreitet hat und dieselbe Intensität besitzt, wie im Inneren der oberen Pyramidenhälfte.</u>

Der *Pyramidenwinkel* ist hier <u>ausschlaggebend</u> für die Ausbreitungsfläche (Radius) der Energie außerhalb jener.

Um so `steiler` der Pyramidenwinkel, desto kleiner die Ausbreitungsfläche im Äußeren (Energiezone kleiner). Umso *flacher* die Winkelmaße der Pyramide, desto größer die Energiezone im Äußeren (Radius nach außen).

Kommen wir nochmals für einem Moment zu dem `Original`: Red Bull. Es wandelt also augenscheinlich das `Blau` um, warum auch immer... Erinnern wir uns an die Lehre der Komplementärfarben. Was ist denn die Komplementärfarbe von Blau? Richtig: *Orange* (*Gelb*orange). Und tatsächlich reagiert Orange und Gelb gegensätzlich zu Blau, wenn wir den Delta-Test machen. Doch zurück zum `Original`, welches das Blau `umpolt`. Welche Farbe hat denn das `Original` ... Richtig! Red Bull ist *Orange (für einige ist es Gelborange)*! Zufall? *Oder finden wir hier den Zusammenhang seiner Wirkung*? Auch die von Uri Geller in seinem Buch „Mein wunder-volles Leben" mit Energie aufgeladenen Farbsymbole sind in orange (gemischt aus einem Rot- und Gelbton) gewählt.

Gehen wir weiter: Die Komplementärfarbe von Rot war *Grün*... von Weiß war *Schwarz*... und so weiter ... Und der Schlüssel der Komplementärfarben ist jener, dass sie immer gegensätzlich zur `Ausgangsfarbe` reagieren, was den Delta-

(Muskel-)Test betrifft! Grün wirkt auf den Körper schwächend (der Arm `lässt sich herabdrücken`), Rot stärkend (der Arm `bleibt oben`). **Nun kennen Sie das Geheimnis!**

In hierarchischer Form (`Pyramidenform`) würde die Kraft der Farben *über* der von Inhaltsstoffen (zum Beispiel Salz, Zucker) stehen.

Sie wollen den *Beweis* für `übersinnliche` Kräfte? Dann stelle ich Ihnen als erstes die Frage: *was ist `übersinnlich`?* Gehen wir nochmals zurück zu dem **Delta-Muskel-Test**. Wenn Sie diesen in Ihrem Garten unter einem grünen Baum ausführen, und eine zweite Person versucht Ihren Arm herunterzudrücken, dann wirkt er noch sehr `irdisch`.

Beim **Delta**-Test aber verlagern Sie diese Handlungen auf die *geistige* Ebene und kommen trotzdem zu dem richtigen Ergebnis, entsprechend dem `Delta-*Muskel*-Test`. Wie geht das? Die Antwort ist einfach. Sie brauchen den ausgestreckten Arm mit etwas Übung *eigentlich nicht*. Weil er nur der *Katalysator* ist. **Aber nicht der Ursprung**. Der Ursprung ist jene Ebene, welche es eigentlich gar nicht gibt *laut **Ihren** Lehrbüchern*. Sie nehmen Dinge wahr, die der Realität entsprechen, aber ohne dabei Ihre bekannten Sinnesorgane zu verwenden, und kommen *trotzdem* auf das richtige Ergebnis.

Wenn man es in Form eines `Delta-Muskel-Testes` erklärt, verlieren die Dinge plötzlich ihre kindliche Mystik und werden verständlich, weil man sie ausprobieren kann. Und am wichtigsten: *Sie funktionieren.*

Was wollte ich Ihnen damit sagen, als ich anmerkte, dass Red Bull *orange* ist und Farben in hierarchischer Form über denen der Stofflichen stehen? Würde Red Bull dieselbe Wirkung auf den Delta-Test haben, wenn es *blau* wäre? In diesem Falle JA. Denn bei Red Bull gibt es noch ein anderes Geheimnis...

Doch wie sieht es bei einer *anderen* zuckerhaltigen Durchschnittslimonade aus? Hier kann durchaus die *Farbe* darüber entscheidend sein, wie Sie beim Delta-Test reagieren! Ist die Limonade orange, bleibt der rechte Arm oben. Ist sie blau, lässt er sich herabdrücken. Aber warum? Weil Sie Farben *übergeordnet* wahrnehmen. Sie fällt Ihnen *zuerst* ins Auge – deshalb stellt ihr Verstand eine Verbindung zum Inhalt des Getränks *über die Farbe* her. Und entscheidet, ob es Ihnen schmeckt, *oder nicht.*

Coca Cola und Pepsi haben beide zeitweise den Versuch unternommen, dasselbe Getränk (Cola) in glasklarer Form auf dem Markt zu etablieren (`Crystal` - Cola*). Doch es wurde vom Verbraucher nicht angenommen.* Weil es nicht braun ist. Von vielen wurde es als *eklig* und *fade* empfunden, <u>obwohl die Zusammensetzung *die selbe* war</u> wie von dem braunen Markencola. Dies soll ein weiteres Mal beweisen, dass Farben eine übergeordnete Rolle in der `Hierarchie` haben.

Deshalb bitte ich Sie um eines: Wenn Sie den Delta-Test bei Lebensmitteln machen, um die richtige Entscheidung beim Einkauf zu treffen, dann richten Sie Ihr `Augenmerk` auf die **Inhaltsstoffe** und *nicht* auf die Farbe! Denn wenn Sie sich von einer aufbauenden Farbe *verleiten* lassen, <u>ist die Gefahr groß, dass `Ihr Delta-Test` sich nicht auf den Sprudel konzentriert, *sondern auf die `orangene` Farbe*, welche dieser besitzt!</u>

Denn in Ihrem Körper wirkt letztlich der süße, klebrige Sprudel – und *nicht* die Farbe...

Erinnern Sie sich an *Cola* und *Crystal Cola*... Ihrem Körper ist die Farbe egal. Er wird von beidem f... (dick).

Lassen Sie sich also nicht von der Farbe eines Produkts beeinflussen, wenn Sie wissen wollen, ob seine Inhaltsstoffe gesund und aufbauend sind! `*Eine weiße Weste alleine macht aus niemanden einen guten Menschen...*`

Wie gesagt, Farben sind nicht `schlecht` oder `gut` – sie besitzen nur relevante Vor- und Nachteile, die je nachdem, für was man sie gebrauchen will, besser oder schlechter wirken.

<u>**Physisch**</u> *aufbauende (aber **psychisch** schwächende)* Farben sind zum Beispiel: <u>weiß, rot, orange, gelb.</u>

<u>**Psychisch**</u> *aufbauende (aber **physisch** schwächende)* Farben sind zum Beispiel: <u>schwarz, blau, violett, grün (sowie auch *silbern*).</u>

Nun gibt es natürlich `Übergangsfarben` wie zum Beispiel *grau* und *orange*, welche zwar eine Polung besitzen, aber in abgeschwächter Form wirken. So wirkt zum Beispiel hellblau in der Intensität anders als dunkelblau. Umso mehr das Grau zum Schwarz wird, umso stärker ändert es seine Eigenschaften. Der Farbübergang ist *fließend* – doch die Polung **springt** ab einer bestimmten Intensität *über.*

<u>**Physisch** *und* **psychisch**</u> aufbauende Farben (was den Delta-Test angeht) gibt es eigentlich nur eine: <u>**Gold!**</u>

Nicht umsonst heißt es (und auch für diese Aufgliederung gültig): `Es ist nicht alles Gold was glänzt...`

Eine Erklärung vielleicht noch zum Schluss: **Rot** eine *psychisch* **abbauende** Farbe? Für viele, welche die Delta-Testreihe *nicht* gemacht haben, eine *unverständliche* Äußerung. Doch erinnern Sie sich: die Liebe wird zwar als rot bezeichnet – doch glauben Sie mir –

die **LIEBE** (Gefühlszustand) steht auch in der Hierarchie *über den Farben...*

Aber dies hat *nichts* mit der Farbe rot zu tun... Auch wenn sie die Liebe am treffendsten symbolisiert: *Herz* und *Schmerz...*

Was ist denn *sonst noch* rot und `schön`? Blut? der Kriegsgott `Mars`...? Rot signalisiert in uns *Gefahr* und eine rote Rose wird durch ihre Symbolisierung **der Liebe** aufbauend – nicht durch die Farbe *selbst...* Das System der Hierarchie (Pyramide), wo die Liebe (Gefühlszustände) *über* den Farben steht, was ihre Wirkungs-Intensität auf uns angeht – und somit auch die Farbe unbewusst `überschatten` kann. So wie ein Sprudel trotz allem durch seine Inhaltsstoffe *ungesund* sein *kann*, obwohl seine Farbgebung durch die Industrie uns ein *positives* Gefühl vorgaukelt, da hier die Farbe in der Hierarchie (Pyramide) *übergeordnet* beim Kauf von uns wahrgenommen wird – *vor* den Inhaltsstoffen.

Rot ist **physisch** (!) aufbauend – nicht zuletzt durch seine *unübertroffene Signalwirkung* auf unseren Körper! Es rüttelt unseren `müden` Körper wieder wach! Die `Ampelwirkung`! Und die der Signalschilder, welche allesamt aus diesem Grund rot sind und nicht blau oder gelb.

Und auch dies ist kein Zufall. Denn hier soll Ihr Unterbewusstsein aufmerksam werden: `**Achtung!**` oder `**Gefahr!**` Und nicht: `*Oh wie schön - rot ...*`. Rot bedeutet `**Wach werden!**`, `**Aufpassen!**`. Kombiniert als Pyramide ein überaus effektiver Kraftort zum Auftanken.

Leider wird es nun nochmals anspruchsvoll und es verlangt Ihre komplette Aufmerksamkeit!

Was ist Ihnen aufgefallen an den letzten Abhandlungen über physisch *aufbauende* und *abbauende* Farben?

Achtung!

Ich sage es Ihnen: Wenn eine Farbe **physisch** *aufbauend* ist, wirkt seine **Komplementärfarbe** *physisch abbauend*!

Wenn eine Farbe **psychisch** *abbauend* ist, wirkt seine **Komplementärfarbe** *psychisch aufbauend*!

Achtung!

Was wissen Sie über Chakren? Was sind Chakren?

Es gibt zwölf davon. Sieben `auf` Ihrem Körper, die restlichen `darüber`...

Chakren sind so genannte *Kraftzentren*. Wo sitzen diese?

Chakra 1: in Höhe der Geschlechtsorgane, Nebennieren.
Chakra 2: in Höhe Ihres Bauchnabels.
Chakra 3: in Höhe der Bauchspeicheldrüse, Nebennieren (Solar Plexus)
Chakra 4: in Höhe des Herzens, Thymusdrüse.
Chakra 5: in Höhe der Kehle, Schilddrüse.
Chakra 6: in Höhe des `Dritten Auges`, Zirbeldrüse, Stirn.
Chakra 7: an Ihrem Scheitel, Schädeldecke.

Die weiteren Chakren befinden sich sozusagen `über Ihnen`:

Chakra 8: *genannt* `Seele`, wenige Zentimeter über Ihrem Kopf.

Laut verschiedenen esoterischen Aufzeichnungen gibt es noch vier weitere Chakren. Vergessen Sie in diesem `1.Semster` Chakra 9-12... Denn diese werden wir in jenem nicht nachweisen können. Ich habe es nur der Vollständigkeit halber mit aufgeführt.

So hat jedes dieser Chakren seine Verbindung zum physischen Bezugspunkt.

Wenn Sie von Herzensangelegenheiten und Liebe sprechen, dann wissen Sie auch, welches Chakra dafür zuständig ist. Richtig: Chakra 4, Höhe *Herz* und *Thymusdrüse*...

Wenn Sie ein ungutes Gefühl bei einer Angelegenheit haben, dann wissen Sie jetzt, welches Chakra dafür zuständig ist. Richtig: Chakra 3, Höhe *Bauchspeicheldrüse* und *Solar Plexus*...

Doch warum sage ich Ihnen das? Weil jedes Chakra auch in Verbindung mit einer *bestimmten* Farbe steht.

In der östlichen Philosophie kennen wir, dass eigentlich die Farbe **Violett** oder **Weiß** das *7.Chakra* ist, **Violett** oder **Blau** (Indigo) das *6.Chakra*, **Blau** das 5.Chakra, **Grün** oder **Rosa-Grün** das *4.Chakra*, **Gelb** das *3.Chakra*, **Orange** das *2.Chakra* und **Rot** das *1.Chakra*...

Gehen wir zu den Rosenkreuzern, welche untrennbar mit dem Freimaurertum verbunden sind. Der Stab des Logenmeisters besitzt eine Anordnung von Farben und der dazu gehörigen Symbole. Als Knauf besitzt dieser eine `Rose`. Wenn wir uns diesen Stab anschauen, steht er genau mit den östlichen Lehrmethoden der *Chakren* und *Farben*, **also auf dem Kopf!** Was bedeutet dies?

Dieser Symbolismus ist eindeutig. Er besagt, dass *entgegengesetzt* dem zu suchen ist, was wir vermuten... und als exoterisches (offizielles) Wissen das gelehrt wird, was die Wahrheit (esoterisches Wissen = Geheimwissen) indirekt *verschließt* und `unzugänglich` macht.

Unter diesem Aspekt müssen wir vermutlich noch einmal darüber nachdenken, ob *Blue* **Book**, das so genannte *UFO-* `Aufklärungsprojekt` der amerikanischen Regierung der Vergangenheit, tatsächlich *aufklärende* Absichten hatte – wo nach Angaben vieler gerade *jene* Berichte, welche die größte Beweiskraft hatten, dort *keinen* Eingang fanden...

Erinnern wir uns: **Blau** ist auch die „Blaue Pille" der Unwissenheit im Film Matrix. Und BLAU wird auch mit dem 6.Chakra identifiziert und das 6. Chakra wiederum mit dem `Dritten Auge`…

Wenn wir also annehmen, das Dritte Auge stünde für die *Wahrheit* hinter all den Verschleierungstaktiken, dann müssten jene Verschwörer ein übermäßig großes Interesse daran besitzen, genau jene Region in uns lahm zu legen... Egal ob nun durch Technologien wie H.A.A.R.P., Nahrungsmittelkontrolle, nicht wahrnehmbarer Bewusstseinskontrolle (sonst wäre es je keine solche), elektromagnetische Beeinflussung und all die anderen in diesem Büchlein genannten Dinge. Sowie natürlich als Grundsegment die *Umkehrung* der Lehren über Farben, die einen bei wissenschaftlicher Betrachtung ansonsten auf die richtige Spur bringen würden – wie es der Stab des Logenmeisters bereits *vorgibt* und andeutet.

Doch stimmt dies auch? Erinnern wir uns: **Rot** wird mit dem 1.Chakra identifiziert. Und das 1.Chakra ist unsere *Sexualität*. Es befindet sich in der Region unserer Geschlechtsteile.

Laut Farbenlehre ist aber Rot die `*Farbe der Liebe*`. Nun werden Sie sagen, `Sexualität und Liebe sind stark miteinander verbunden`. Doch erinnern Sie sich auch, dass unser *Sexualtrieb* es ist, welcher eine Beziehung und die Liebe *zerstört*. Denn er wird womöglich dafür sorgen, dass `wir` nach einem *immer neuen Kick* suchen, wenn der alte befriedigt ist. Ich stelle es einmal als Behauptung in den Raum, dass es nichts mit Liebe zu tun hat, wenn wir neuen Reizen nachgeben und deshalb unseren Partner verlassen.

Wenn Sie glauben, ihre `Liebe` lässt nach, dann gehen Sie einmal in sich und fragen sich, ob es tatsächlich die Liebe ist oder vielmehr die *Sexualität (sexuelle Begierde)*. Und auch hier wird klar, *was* die Umkehr des alten Wissens in diesem Punkt ist: *Rot* wird mit *Liebe* identifiziert und verbalisiert, *obwohl es das Chakra der Sexualität ist*.

Machen wir einen weiteren Test:

Wir haben gelernt, dass Komplementärfarben zwar mit der `Ursprungsfarbe` *verbunden* sind, aber *immer* gegenteilig reagieren *(siehe Delta-Test)*. Bleiben wir bei oben genanntem Beispiel. *Was ist denn die Komplementärfarbe von Rot?* **Grün**! Und welches Chakra wird Grün zugeordnet? Das **Herz-Chakra** (4.Chakra)! Auch nur wieder ein `*Zufall*`...?

Es gibt also eine *fundamentale Informationsdifferenz* zwischen exoterischem (offiziell zugänglichen) und esoterischem (geheimen) Wissen! So wie es der Stab des Logenmeisters lehrt.

Auch hierfür möchte ich Ihnen noch ein klassisches Beispiel aufzeigen:

In der Liebe sagen wir `*Höre auf dein Herz*`. Damit MEINEN wir das 4.Chakra...

Das 4.Chakra besitzt die Farbzuordnung *grün*. Die Komplementärfarbe von Grün ist *Rot*. Also ist das 4.Chakra mit jenem Chakra (gegensätzlich) verbunden, welches die Komplementärfarbe *Rot* besitzt: = 1.Chakra – Sexualorgane.

Das 4.Chakra, welches mit der Liebe initiiert wird, ist ein *Seelen*-Chakra. Sein Komplementärchakra *(körperliches)* ist das 1.Chakra!

Bei dem Beispiel des Bauchgefühles können wir jenen Test *ebenfalls* einmal durchgehen. Nehmen wir das 3.Chakra (Farbe Gelb) als jene Region (`Höre auf deinen Bauch`), dann wäre das Komplementärchakra das *7.Chakra* (violett). Dieses wird der Region des Scheitels (Schädeldecke) zugeordnet und ist das körperliche Pendant, umgangssprachlich: `*Mit dem Kopf durch die Wand gehen*`, sprich `Kopflos` handeln.

Sie werden sich jetzt fragen, welche Farbe das *8.Chakra*, das der **Seele**, laut den östlichen Lehren zugeordnet wird? Man bezeichnet diese Region auch `Seelenstern` und sie wird der Farbe **GOLD** zugeordnet!

Über den *Sonderstatus* der Farbe Gold habe ich Sie bereits aufgeklärt. Und die Zuordnung laut den alten Schriften zum 8.Chakra (*Seelenchakra*) ist einem Sonderstatus wohl ebenfalls würdig.

Was bringt Ihnen jenes Wissen über diese *Kraftzentren*? Stellen Sie es sich wie in der Grundschule bildlich vor. All diese Chakren sind mit dem 8.Chakra (Seele) verbunden. Es gibt so genannte `Seelen`-Chakras (psychischer Natur) und so genannte körperliche Chakras (physischer Natur). Doch auch *diese* sind wieder *untereinander* verbunden. Man nennt dies auch Energienetzwerk. Es gibt ein (übergeordnetes) *Erdgitternetzwerk* für den Planeten Terra (Erde), in dem alle dort befindlichen Wesenheiten und ihre Verbundenheit gemeint sind.

Letztlich spielt es auch keine Rolle, ob Sie diese `morphische Felder` oder Chakren nennen. Man bezeichnet sie auch als *Energielinien*, *Energiegridnet* oder *Energiegitternetz*.

Wenn nun einige Leute davon sprechen, es solle das Erdgitternetz `angehoben` werden, dann ist hiermit nichts anderes gemeint wie: der Planet Erde (Terra) soll in seiner natürlichen evolutionären Entwicklung *beschleunigt* werden. Es ist ein anderes Wort für `*Eingriff*`, vielleicht auch indirekt für `Kontakt`. Wer weiß das schon... Vielleicht Sie.

Was damit nicht gemeint ist: das jeder Einzelne gegen seinen Willen dazu gezwungen wird. Und somit trifft das Wort `beschleunigen` auch nicht zwingend auf jeden zu. Doch das `Tor` wird ein Stückchen weiter geöffnet. Und dies bedeutet, rein statistisch werden mehr Menschen `angehoben` wie ohne diese Veränderung im Erdgitternetz. Warum? Weshalb? Das finden Sie womöglich in einem anderen Buch...

Sie werden die Liebe niemals beweisen können vor einem weltlichen Gericht. Doch Sie werden diese *spüren*, wenn Sie jene empfinden. Sie alleine ist es, welche es Ihnen zeitweise über Jahre unmöglich macht sich neu zu binden, obwohl der alte Partner schon längst das Weite gesucht hat. Und so werden Sie es auch nie beweisen können, wenn Sie ein schlechtes Bauchgefühl haben in einer bestimmten Situation. Eine Vorahnung hatten oder etwas wahrnahmen, was Tage später in Ihrer `Realität` *eintraf.* Für den Einen wird es immer `Zufall` sein und bleiben. So sei es. Doch die Zahl derer, welche *anders* darüber denken, wird sich erhöhen. Und darum geht es. Bis zum Letzten Tage, welcher uns prophezeit wurde in den Offenbarungen und heiligen Schriften. Die Tatsache, dass es eine `Ernte` geben wird, beinhaltet bereits: Es geht *nicht* darum, *alle* zu überzeugen, sondern *die Spreu vom Weizen zu trennen...*

In Matrix Teil III (`Revolution`) ist dieser `Endkampf` ebenfalls zu sehen. Und das Orakel hat es dort angekündigt. Zwar wurde der Körper des Orakels im Verlaufe dieser Trilogie getötet, doch es suchte sich einen neuen, um seine prophetischen Worte auszurichten.

Der Kampf um die Stadt Zion schien aussichtslos und forderte viele Opfer. Sehr viele... Doch auch für diese ist der körperliche Tod nicht das Ende, sondern ein Neuanfang. So erkannte Neo das Orakel in ihrer neuen `Hülle` kaum wieder.

Im letzten Teil der Schlacht musste sich Neo alleine auf sein `Drittes Auge` verlassen. Er sah alles ohne das Augenlicht in einem *Orange*ton. Dieses Büchlein soll Ihnen dabei helfen. Neos Feind in dieser Trilogie ist `Agent Smith`, welcher es geschafft hat, sich zu vervielfachen. Es liegt nun in Ihrer persönlichen Interpretation, ob Sie dahinter einen Agenten sehen, dessen Gesicht *austauschbar* (gesichtslos) ist (an der Seite von vielen `Austauschbaren`) und sich auf der `richtigen Seite zu wissen glaubt` – im Kampf für das (alte) System. Und ob der Beiname `Agent` rein *zufällig* gewählt wurde, oder nicht ...

Das Szenario der gesamten Trilogie handelt in einer Welt der *totalen* Überwachung, in der nichts dem Zufall überlassen werden soll und jeder seine `Aufgabe` hat – als Maschine.

Als der Kampf sein Ende fand, am `Ende der Tage`, finden wir eine *merkwürdige* Synchronisation zu dem Film `The 13<sup>th</sup> Floor`. In Letzterem endet der Film mit dem Blick auf eine Skyline *a`la* New York und dem Dialog der `Überlebenden`. Im Film `*Matrix*` endet das Szenario, in dem das Orakel in einer Skyline *a`la* New York sitzt und die Vögel zwitschern. Und das Orakel macht klar – es ist kein Sieg für immer. Aber – so wörtlich: `*Für so lange wie möglich*`... Erinnerungen an das `Tausendjährige Friedensreich` in der `*Offenbarung*` kommen auf, bevor das Tier zum letzten Mal erwacht und es dann *für immer* in den Abgrund gestoßen wird...

Anmerkungen:

Ich werde nun die Zehn Gebote erst einmal *so* wiedergeben, wie sie im *Alten Testament* stehen und danach etwas dazu sagen:

(01)   *„Ich bin der Herr, dein Gott! Ich habe dich aus Ägypten herausgeführt, ich habe dich aus der Sklaverei befreit. Neben mir gibt es für dich keine anderen Götter."*

(02)   *„Fertige dir kein Gottesbild an. Mach dir auch kein Abbild von irgend etwas im Himmel, auf der Erde oder im Meer.*
Wirf dich nicht vor fremden Göttern nieder und diene ihnen nicht. Denn ich, der Herr, dein Gott, verlange von dir ungeteilte Liebe. Wenn sich jemand von mir abwendet, dann bestrafe ich dafür auch seine Kinder, sogar noch seine Enkel und Urenkel. Wenn mich aber jemand liebt und meine Gebote verfolgt, dann werde ich ihm und seinen Nachkommen Liebe und Treue erweisen über Tausende von Generationen hin."

(03)   *„Missbrauche nicht den Namen des Herrn, deines Gottes, denn der Herr wird jeden bestrafen, der das tut."*

(04)   *„Vergiss nicht den Tag der Ruhe; er ist ein besonderer Tag, der dem Herrn gehört. Sechs Tage in der Woche hast du Zeit, um deine Arbeit zu tun. Der siebte Tag soll aber ein Ruhetag sein. An diesem Tag sollst du nicht arbeiten, auch nicht deine Kinder, deine Sklaven, dein Vieh oder der Fremde, der bei dir lebt. In sechs Tagen hat der Herr Himmel, Erde und Meer mit allem, was lebt, geschaffen. Am siebten Tag aber ruhte er. Deshalb hat er den siebten Tag der Woche gesegnet und zu seinem Tag erklärt."*

(05)   *„Ehre Vater und Mutter! Dann wirst du lange in dem Land leben, das dir der Herr, dein Gott, gibt."*

(06)   *„Morde nicht!"*

(07)   *„Zerstöre keine Ehe!"*

(08)   *„Beraube niemand seiner Freiheit und seines Eigentums!"*

(09)   *„Sage nichts Unwahres über deinen Mitmenschen!"*

(10)   *„Suche nichts an dich zu bringen, was einem anderen gehört, weder seine Frau noch seine Sklaven, Rinder oder Esel, noch irgend etwas anderes, das ihm gehört."*

Ich glaube an *einen* Urgott und viele Entitäten, welche gerne mit Gott verwechselt werden aufgrund ihrer Auftretensweise, Macht und Struktur. Was sagt Ihnen *Ihre* Intuition?

Ich habe diese Beispiele aus der Bibel des christlichen Glaubens (zum Beispiel *Evangeliken* und *Katholiken*) gewählt, aber diese Verfälschungen finden sich in allen bekannten großen Schriften der Weltreligion (So ist unsere Bibel ja letztlich auch auf die Schriften der Thora aufgebaut). Wobei all diese Bücher auch ein gewisser Kern an Realität auszeichnet, was die verwendeten `Urgeschichten` betrifft. Denn alle diese Schriften sind im Kern auf Erlebnissen aufgebaut. Und diese Erlebnisse, egal, ob falsch wiedergegeben oder richtig, hatten die Aufgabe, der Welt das geheime Wissen zurückzugeben. Beziehungsweise es zu entdecken. Nicht die Erlebnisse der Geschichten waren letztlich wichtig. Sondern die *Aussagen*. Denn die *leibhaftigen* Erlebnisse würden mit dem Tod der nächsten Generationen aussterben.

Ich behaupte, dass *jeder*, der den 1. Schlüssel gefunden hat und durch die erste Türe getreten ist, auch den 2. Schlüssel finden *kann*! Und wie bei dem Wort `glauben` ist der 2. Schlüssel ebenfalls mit *gegensätzlichen* Interpretations-Möglichkeiten verbunden. Wohl gemerkt: *Nicht* die *Ur*-Aussage, sondern das, was noch davon *übrig* ist. Es geht also nun, wenn man die erste Tür durchschritten hat, darum, herauszufinden, wie was gemeint ist. Und wie? Durch Anwendung **jener** neu erkannten Kräfte, welche man in sich gefunden hat: in diesem Fall *Intuition.*

Doch auch *ohne* Intuition, *ohne* den 1. Schlüssel zu besitzen, muss man zugeben, dass alle Aussagen der Zehn Gebote uns nicht schaden, leben wir danach. Aber die 10 Gebote sind *Teil* des **Alten Testaments**. Lassen Sie Ihre Intuition entscheiden, ob in *diesem* Falle eine Verfälschung des Urtextes vorliegt oder nicht. Oder nur teilweise. Ich gebe zu, kein leichter Praxistest. Falls Sie mehr über die Verfälschung der `Heiligen Schriften` erfahren wollen, dann werden Sie dies in meinem Buch `**7 – Die letzten Tage des Antichristen / 7 – Der Schlüssel zur Offenbarung**`, welches ich unter dem Pseudonym Dan Davis geschrieben habe, tun können. Ich glaube, Sie wissen intuitiv *sehr genau*, welche Teile der `Zehn Gebote` die Uraussage wiedergegeben und welche manipuliert wurden.

Bei *welchem* der Zehn Gebote haben Sie auf Anhieb ein **ungutes** Gefühl?

Eventuell auch beim *2. Absatz* des 2. Gebotes? Dann sage ich Ihnen, dass *ich* diesen Absatz *nicht* eingefügt habe...

Ist es ein *Zufall*, wenn ausgerechnet *hier* ihr 3.Chakra (Bauch, Sonar Plexus) in Wallungen gerät, oder ist dies gerade der *Sinn* hinter diesem Kraftzentrum, auf bestimmte Dinge aufmerksam zu machen?

Der Absatz steht so in den Heiligen Schriften. Ohne diesen Absatz wären die Zehn Gebote *ganz anders zu lesen*, oder? Es wäre nicht diese `Drohung` im Raum. Und das **ausgerechnet** vor dem Dritten Gebot, welches besagt: `*Missbrauche nicht den Namen des Herrn, deines Gottes, denn der Herr wird jeden bestrafen, der das tut*`... Eine Aussage, welche uns *auf das hinweisen soll*, **was wir `Karma` nennen.**

Der *2. Absatz* im **2. Gebot** ist somit auch der *Hinweis* auf den *2. Schlüssel*? Fragen Sie Ihre Intuition. Es ist Ihr persönlicher Praxistest. Nicht meiner.

Leben unsere Regierungen denn nach den Zehn Geboten? Ein klares *Nein*. Oder?

Jedem muss klar werden, dass hier etwas nicht stimmt. Entweder hat dieser Gott hier einen Fehler eingebaut – oder aber – was viel *nahe liegender* ist – *jene*, welche eindeutig *nicht* nach den Grundfesten der Bibel leben, aber diese verbreiten. So verstoßen Sie täglich *gegen jedes der Zehn Gebote*, doch sie können ihr Fehlverhalten **ausgerechnet** gut mit dem *2. Absatz des 2. Gebotes* interpretieren. Denn steht dort nicht: `... *Wenn sich jemand von mir abwendet, dann bestrafe ich auch seine Kinder, sogar noch seine Enkel und Urenkel...*`? Und *wer* sollte Gottes Willen `besser` ausführen und dazu `bemächtigter` sein, als unsere `Regierungsvertreter`...?

Kennen sie denjenigen, der die Bibel übersetzt hat? Ich meine *nicht* vom Hören-Sagen... Ich kenne ihn nicht. Ich weiß nur, dass Jesus, Johannes der Täufer und viele andere *umgebracht* wurden wegen ihrer Glaubensaussagen. Außer der Bibel gibt es noch die `Apokryphen` (Die verborgenen Bücher der Bibel). Jene Schriften, welche den `Übersetzern` zu `unglaubwürdig` erschienen und welche sie deshalb *aussortierten*.

Wie kann sich ein Übersetzer die *Frechheit* herausnehmen, Teile der Bibelschriften (welche ihm nicht gefallen) *herauszunehmen*, weil sie ihm nicht passen, um dann zu sagen: „*So. Der Rest stimmt...!*" Spricht das nun *für* jene Übersetzer, oder *gegen* sie? Und wenn sie diese Texte schon *komplett* aussortiert haben, wer will dann noch beeiden, dass sie nicht mit der *gleichen* Akribie durch jene Texte gewütet haben, welche dann *doch* ihre `Gnade` und in das Heilige

Buch *Eintritt* fanden? Wer kann mit Sicherheit sagen, dass hier nicht aus `Glauben` `*glauben*` wurde...?

Ich möchte nicht, dass Sie meine Meinung, welche ich hier wiedergebe und die eindeutig eine Verfälschung der Schriften unterstellt, *blind übernehmen*. Machen Sie sich Ihre eigenen Gedanken hierzu. Doch wie auch immer, so kann ich Ihnen eines versichern: Es gibt nur *eine* Wahrheit dahinter.

Jeder `Heilige Krieg`, welcher `Im Namen Gottes` inszeniert wurde auf dieser Welt, in *unserer* Neu-Zeit, wurde nicht von einem ungerechten Gott angezettelt, sondern von fanatischen Wahnsinnigen, welche die Worte Gottes *bewusst falsch auslegten*, um ihre Taten zu *rechtfertigen*. Aber *ausgerechnet* in den Zeitperioden zum Beispiel des Alten Testaments sollen hinter <u>all den Kriegen</u> dann **keine** Verrückten, fanatischen und kranken `Führer` stecken, sondern *ein Gott*, welcher diese befehligt...? **Ist *das* die Logik, die unsere Gesellschaft hat?** Meine ist es nicht.

Ihre Intuition wird Ihnen den Zweiten Schlüssel geben. Helfen zu lernen, zu *unterscheiden*. Vertrauen Sie nicht auf tote Buchstaben. Sondern auf Ihren *Instinkt*. Unsere `Führer` halten sich an nun gar nichts in den Zehn Geboten. Sie töten Menschen, inhaftieren diese, enteignen sie, verbreiten Unwahrheiten über ihre Mitmenschen und zerstören Ehen durch Gesetzesgebungen und Handeln.

Warum sollte Gott uns näher kommen, solange wir *solche* Regierungen unterstützen und wählen (uns somit mitschuldig machen), welche nun wirkliche *jedes* der 10 Gebote mit Füßen treten...?

Ich habe die Zehn Gebote also nicht hier aufgeführt, damit Sie deren *Worte* und *Silben* einfach *übernehmen* als `Zweiten Schlüssel`. Dies ist nicht der Zweite Schlüssel. Der Zweite Schlüssel liegt dort im *Verborgenen*. Sie *finden* ihn vielleicht, wenn Sie danach suchen.

Sie müssen ihn also erst herausholen und säubern. Dann werden Sie sehr schnell feststellen, ob er ins Schloss passt. Ich kann ihnen nur soviel mit auf den Weg geben: Würden *alle* Menschen das Morden, Ehebrechen und Klauen sein lassen, dann wäre diese Welt eine bessere. Und am Besten wäre diese Welt, wenn es keinen Gott *gäbe*, der Kriege anzettelt und Menschen ins Unglück stürzt, die sich an diese Gebote halten, auch wenn er wohl unserer eigenen Dummheit nicht im Wege steht, wenn wir *uns selbst zerstören* und mit Scheuklappen durchs Leben laufen. Damit wir aus Ursache und Wirkung lernen... Um es in Zukunft besser zu machen. Und genau diesen Gott gibt es. Alle Gewalt gegen Mitmenschen kommt aus **uns**. Nicht auf den Befehl Gottes...

Was bewirken denn diese Aussagen in den Heiligen Schriften mit den Wortlauten wie: „*...dann bestrafe ich dafür auch seine Kinder, Enkel und Urenkel...*"? Sie machen den Menschen *Angst*. Angst vor *ihrem* Gott... Was kann ein Volk mehr beeinflussen als *dies*? Doch wer bestraft uns denn in Wirklichkeit? Ein Gott? Oder sind es nicht **jene selbsternannten Vertreter**, die `wir` an die Macht gewählt haben und sich oftmals **einen Dreck** um diese Lehren scheren? Merkwürdigerweise haben *diese* **seit Generationen** *keine Angst* vor `ihrem` Gott...

Und dieser hat sie auch in all den Jahren nie dafür bestraft, wenn sie Kriege anzettelten, gegen Mitmenschen die Todesstrafe aussprachen und Grundstücke enteignet haben. Merkwürdig. Oder? Wenn unser Gott doch so böse ist und diese schlimmen Worte in der Bibel *stimmen*, die er angeblich aussprach, dann scheint er bei einem George Bush *taub* zu sein, was dessen Verfehlungen gegen die Bibel angeht...

Ich hoffe, Sie merken jetzt, worauf ich hinaus will. Würde eine Staatsmacht es darauf anlegen, eine Weltbevölkerung zu unterjochen, dann wäre unser heutiges System die **perfekte** Methode... Sie haben auf der einen Seite Angst vor den korrupten und regierenden Staatsapparaten, auf der *anderen* Seite lehnen sie sich aber nicht gegen diese auf, da es *ihr* Gott ja verbietet. So steht es in den Heiligen Schriften. Und so wird es in allen großen Religionsgemeinschaften *gelehrt*.

Also lässt man sich immer weiter in die *Unterdrückung* und *Überwachung* führen, ohne aufzumucken.

Wäre unser Gott ein friedlicher Gott, so würde es genauso auf unserer Welt zugehen, wie es eben geschieht. Er würde eben **nicht** kriegerisch eingreifen und gegen seine friedlichen Prinzipien verstoßen, welche er als `Wahre Lehre` verbreitet.

Aufklärung ist, wie bereits im vorderen Teil des Buches gesagt, eine mögliche Art von friedlichem Aufstand ohne Gewalt. Kennen Sie noch den Ausspruch `Es ist Krieg, aber keiner geht hin ...` aus den achtziger Jahren? <u>Das ist die Lösung.</u>

Viele Verschwörungstheoretiker sehen hinter der Freimaurerei eine Gruppierung, welche antichristliche und schon fast satanistische Grundgedanken hegt. Im Widerspruch dazu stehen deren untere Ränge, welche doch tatsächlich die Bibel lehren (aber Jesus von seinem Thron *herabsetzen*). Nehmen Sie jene Behauptungen über die Verfälschung der Heiligen Schriften von mir auf, dann wissen Sie, dass dies *kein* Widerspruch ist...

Und Sie wüssten auch, warum diese ausgerechnet Jesus Christus von dem Status `Gottes Sohn` zu einem `ausgezeichneten (...) Prediger` *herabwürdigen* und herunterstufen... Sie könnten diesen nicht einfach herausnehmen aus der verfälschten Geschichte, wenn sie glaubhaft bleiben wollten, aber sie *könnten* ihn herabstufen von `Gottes Sohn` zum *normalen Prediger*, neben einem *Martin Luther* und *Dutzenden* anderen in der Geschichte und auf der *selben* Stufe.

Und auch bei den geheimen zwischenzeitlichen Weltherrschern, den Freimaurern und ihren Neben- und Unterorganisationen, gibt es nicht ganz zufällig eine Verbindung zu dem Film Matrix. Denn deren untere 3 Grade, die `Johannis-Grade`, werden auch als die BLAUEN GRADE (die Grade der Unwissenden...) benannt, die höheren als die ROTEN GRADE (die Grade der Wissenden...). Erinnern Sie sich an die BLAUE PILLE der Unwissenheit und die ROTE PILLE der Erkenntnis in dem Film Matrix...

Das Freimaurertum geht, darauf angesprochen, nicht gerne direkt darauf ein, warum sie aus `Gottes Sohn` einen `guten Prediger` machen. Sie sagen auch nicht *direkt* `Weil er nicht Gottes Sohn war`, sondern sie lassen es die Anhänger durch deren Ausdrucksweise und Sprachgebrauch verinnerlichen in einem schleichenden Prozess.

Es ist wie mit dem Wort `glauben`. Kommt ein Freimaurer *neu* in diese Gemeinschaft, findet er es *toll* und *schön*, dass dort in den unteren Rängen Jesus Christus als `*ein guter Prediger*` benannt wird, denn das war er ja auch ohne Zweifel... Und so *deckt* es sich mit seinem Glauben, in etwas Gutes involviert zu sein... Er setzt sich für diese Gemeinschaft ein, lässt sich von ihr leiten und widmet ihr all seine Kraft und Aufmerksamkeit... Später kommt der `*Umkehreffekt*`. Plötzlich wird ihm bewusst, dass jene Gemeinschaft, welcher er so viel gewidmet hat, Jesus **nie** als `Gottes Sohn` benennt, sondern immer nur als `*guten Prediger*`... Und er beginnt, diese Ausdrucksweise zu übernehmen und in sein Weltbild einzubauen. Hat er dieser Glaubensgemeinschaft doch so `unwahrscheinlich viel zu verdanken`, in welche er eingeweiht wurde.

Ohne Gottes Sohn stellt sich aber irgendwann die Frage, was dann an der Bibel *überhaupt* wahr ist. Am Ende glauben die `Eingeweihten` (...), dass zwar nette, gute Leute hier etwas positiv bewirken wollten, aber die Geschichten mit `*Gottes Sohn*` und den angeblichen Beweisen nichts weiter waren, als übertriebene Euphorie für `*einen guten Prediger*`...

Und so wird, *ganz allmählich*, aus `Glauben` `*glauben*` ... **Und die Tür fällt zu** statt sich zu öffnen... Dies ist der *erste* Praxisschritt, welcher bezweckt wird in den freimaurerischen Lehren in den unteren Graden. Sie glauben aufzusteigen, doch in

Wirklichkeit steigen sie *herab* ... Und das auch sinnbildlich. Denn am Ende geht es in der Freimaurerei um den gelebten Glauben an den `Lichtbringer`: LUZIFER. Sie sind Arbeiter für ein System, um dessen Ziele und Absichten umzusetzen. Nicht mehr und nicht weniger.

Nur die Oberen Kasten haben das hintergründige Wissen, und um in *diese* zu gelangen, geht es in den höheren der `unteren Grade` nicht mehr um die Verbreitung der Lehren eines Jesus Christi, sondern *darum*, wer *am **tiefsten** von diesem Glauben **abfällt**. Dies* wird nebenbei auch symbolisiert in der Pyramide mit der vom Sockel abgetrennten oberen Spitze. Und dem Allsehenden Auge darin. So werden viele nie in die wirklichen oberen Grade aufsteigen, obwohl sie der vollen Überzeugung sind, ihr Leben lang das Richtige getan zu haben, um es zu schaffen. Und jene, die es bis dahin schaffen, werden nichts schlechtes mehr darin sehen. Denn sie haben den Umkehrprozess mit verinnerlicht, der durch die Unterwanderung der Illuminaten (der `Erleuchteten`) und deren Lehren einst stattgefunden hat, die nun als übergeordneter unsichtbarer Grad über dem Freimaurersystem positioniert wurde und diese als Werkzeug für den Ausbau der Weltherrschaft benützt.

Sie fragen mich, ob dieses Beispiel *zutrifft* oder *eine Behauptung* ist? Wenden Sie den 2. Schlüssel an, um es zu erfahren. Denn auch dies hier sind letztlich nur gedruckte Buchstaben auf einem weißen Blatt Papier?

Die drei untersten Grade der Freimaurerei werden also auch die ***Blaue Loge*** oder die Johannesgrade genannt.

Glauben Sie *tatsächlich*, dass eine Organisation wie die Freimaurer, welche von *vorne bis hinten auf geheime Riten und Geheimhaltung aufgebaut ist*, die unteren drei Grade ihrer Loge als `Blaue Loge` bezeichnen, weil dies `*so eine schöne Farbe ist*`? *Glauben Sie **das** tatsächlich*?

Übrigens kommt aus **dieser** Geschichte um die Farbe `Blau`, so wie sie Ihnen hier im Buch gelehrt wurde, auch die Namensgebung zu `*blauäugig*` im Sinne von `naiv, dumm, dämlich`. Hier wurde zum Beispiel ein Begriff in unseren exoterischen Sprachschatz übernommen, ohne dass die Menschen deren Hintergründe kennen. Die meisten verwenden diesen Begriff seit Jahren und Jahrzehnten in ihrem Wortschatz, ohne sich jemals gefragt zu haben, worin der Ursprung in dieser Zuordnung liegt.

Für Sie war bisher alles ein Zufall. *Oder nicht?* Habe ich Ihnen nicht mitgeteilt, dass Rauchen und Trinken ebenfalls beim Delta-(Muskel-)Test Auswirkungen hat, wie der Zucker? Warum glauben Sie, wird in unserem Sprachgebrauch der

Rauch einer Zigarette oft als `Der blaue Dunst` bezeichnet? Warum werden Menschen, welche zuviel getrunken haben mit `Du bist blau` tituliert? Sie wussten bislang so gut wie gar nichts von der Welt. Das ist vielleicht die Realität... weil Sie `blau-äugig` waren?

Und deshalb kommen wir nun nochmals auf den Anfang dieses Büchleins zurück. Erinnern Sie sich, dass ich ihnen sagte, Menschen mit der Lieblingsfarbe Blau seien eher *Kopfmenschen* und mit der Lieblingsfarbe Rot *Gefühlsmenschen*?

Für einen `unbewussten` Menschen (Sklaven) des Systems ist also Rot *aufbauend*, weil er unbewusst auf die <u>körperlichen</u> Auswirkungen wert legt, welche ihn mobilisieren. *Psychisch* hingegen wirkt es negativ, deshalb übrigens auch der Ausspruch `Das wirkt auf mich wie ein rotes Tuch!` (außer es wird mit *hierarchisch höherem* verkoppelt – zum Beispiel `Liebe` – doch dann *wirkt die* `Liebe` positiv, und <u>nicht</u> die Farbe). Blau wirkt auf diesen hingegen *körperlich abbauend*, aber dafür *psychisch* aufbauend. **Auch hier ein Beispiel:** Ein strahlend blauer Himmel ohne Wolken ist für die Psyche *absoluter* Balsam. Doch es motiviert nicht unbedingt zum arbeiten... An *so* einem Tag will man *andere* Dinge tun, wie sich körperlich einen abstrampeln... Ausruhen, entspannen, Urlaub machen – *alles machen, was die <u>Psyche</u> **aufbaut**...* im wahrsten Sinne des Wortes `Blau` machen`...

Wüsste er aber etwas von `Inversion`, `Delta-Tests`, der *gegenteiligen* Wirkungsweise auf bestimmte `Körper`-zentren, dann würde ihm deutlicher bewusst, dass Blau auf die Psyche (in jenen Regionen des Gehirns, welche mit der Seele verknüpft sind) *stärkend* und *aufbauend* wirkt – und Rot <u>abbauend</u>.

Unbewusste Menschen stellen also den <u>körperlichen</u> Aspekt bei der Beurteilung *in den Fordergrund*. Und hier wirkt Rot aufbauend und Blau abbauend. Um dieses Weltbild zu unterstützen, wurde von den Logen seit Jahrhunderten ein Erziehungsprogramm in die Wege geleitet, welches dem `dummen` Volk genau *dies* bejahen soll. Und man trichterte ihm ein: Mit Blau symbolisiert man *Dummheit* und *Naivität* (psychische Schwäche = `Blau`äugigkeit`). Eben jenes, was der Stab des Logenmeisters *ausdrückt* – **das Lehren der falschen (gegenteiligen) Bedeutung hinter der Kraft der Farben...**

So lassen sich zum Beispiel unbewusste (unwissende) Menschen, welche viel Kraft in die Liebe investieren, von dieser sprachlichen Fehlbesetzung der Farben verleiten und denken, Rot würde sie psychisch aufbauen. Doch genau das Gegenteil geschieht. Sie werden bei zu viel Rot aggressiv, gereizt und `kriegerisch`. Ich habe ihnen mitgeteilt, dass laut den östlichen Lehren Rot die Farbe des 1.Chakras ist – der Sexualität. Passend zum Thema `ROTlicht-Viertel`.

Da Blau körperlich abbauend ist, glaubt man den Betitelungen über `Blauäugigkeit` und deren Symbolisierung durch die Spracherziehung der Logen. Auch wenn sich einige unbewusst wundern, dass es ihnen an einem strahlend blauen Tag psychisch hingegen dieser `Reden` *besser* geht und man eine *erhöhte Aufnahmefähigkeit erlangt.*

Reden wir also von der *Lieblingsfarbe Rot* bei `***Unwissenden***`, dann sind diese Gefühlsmenschen (im positiven Sinne), weil sie jene mit Liebe und körperlichem Aufbau (fälschlicherweise) interpretieren. Denn es kommt ihnen absolut nicht `spanisch` vor, warum einerseits Rot kriegerisch besetzt ist (Kriegsgott `Mars`) und andererseits jene `*die Farbe der Liebe*` sein soll. Also das genaue Gegenteil...

Reden wir von der *Lieblingsfarbe Blau* bei `***Unwissenden***`, dann nehmen diese *unbewusst* die Stärkung der Psyche auf und verbinden sie mit einem falschen Weltbild. Und werden so im wahrsten Sinne des Wortes zu `*Blauäugigen*`. Trotzdem sind sie *Kopfmenschen*... Da diese *denken*, `Rot symbolisiert die Liebe und das Gefühl`, bilden sie bewusst eine andere Liga weit ab von diesem `Gefühlsklamauk`. Ihre Ideale sind `Arbeit, eine gewisse `Gefühls*kälte*`, `Wissen`-schaft. Sie entscheiden bei der Partnerwahl eher mit dem Kopf, als mit dem Bauch.

Reden wir bei `***Wissenden***` von der *Lieblingsfarbe Blau*, dann haben diese *verstanden*, dass diese Farbe der *wahre* psychische Aufbau ist – und nicht die Farbe Rot. Für **diese** ist die psychische Öffnung *wichtiger* wie Körperlichkeit...

Und reden wir bei `***Wissenden***` von der *Lieblingsfarbe Rot*, dann würde ich mich vor diesen *hüten*, denn sie haben sich willentlich mit ihrem Wissen *gegen* die Liebe und FÜR die Körperlichkeit entschieden, den Krieg und die Aggressivität! Wobei wir wieder beim `*Kriegsgott Mars*` wären...

Dies ist sehr wichtig! Und ich bitte Sie, oben genannte Abschnitte notfalls noch mal zu lesen, wenn Sie jene nicht verstehen!

Sie werden sich noch folgendes sagen: Natürlich wird jemand der ***psychisch aufgebaut wird*** auch letztlich *dadurch* physisch aufgebaut! Weil die Psyche hierarchisch (Pyramide) *über* dem leiblichen Körper (Physis) steht!

Umgekehrt wird jemand, der seine *Physis* aufbaut (Fitness-Studio) nicht zwingend psychisch aufgebaut / geheilt, da die Physis hierarchisch *unter* der Psyche steht (Pyramide). Man kann es auch etwas einfacher ausdrücken: Der

Geist kann auch ohne den Körper weiterleben (und wird es) – aber der Körper kann niemals ohne den Geist leben.

So ist Neo im ersten Teil von Matrix, als er vor Morpheus tritt, *unwissend*. Und so ist auch die Symbolik der Pillen zu verstehen. Denn dieser Film wird einem Volk gezeigt, welches *ebenfalls* überwiegend `unwissend` ist. Und nur so wird es für sie vielleicht verständlich.

An dieser Stelle möchte ich Sie an folgenden Satz auf dem Rückumschlag dieses Buches erinnern:

`**Sie glauben die Wahrheit zu kennen,** *aber kennt die Wahrheit auch Sie?*`

Einige Beispiele von `**bewussten**` **Rassen** sind zum Beispiel die Atlanter. Sie werden im Sprachgebrauch in den Überlieferungen oft die `*blaue*` Rasse genannt, ohne dass die meisten wissen, *warum*. Sowie die *Plejadier / Plejaren...* Sie werden ebenfalls oft als *blaue* Rasse beschrieben. Das hat nichts mit dem vermeintlichen Lügen-Baron Billy Meier zu tun, mehr mit den alten Überlieferungen der Mayas und ihren Göttern, von denen einst angeblich 400 laut deren Schriften auf die Erde hernieder kamen und sie in der Astronomie und in vielen anderen Bereichen lehrten.
Sie verstehen jetzt, warum alles in diesem Buch zu seinem bestimmten Zeitpunkt niedergeschrieben wurde – und eine gewisse textliche Reihenfolge *notwendig* war, um Sie nicht zu verwirren.

Wenn Sie mehr über die Atlanter und die Plejadier / Plejaren erfahren möchten, so finden sie die Zusammenhänge ebenfalls in meinem Buch `7 – *Die letzten Tage des Antichristen / 7 – Der Schlüssel zur Offenbarung*`. Auch was deren Einfluss auf unsere heiligen Schriften und die Weltgeschichte angeht. Das Ende des Maya-Kalenders hat nie einen Weltuntergang vorausgesagt, wie ich schon seit Jahren schrieb, sondern das Ende des alten Zeitalters und den Beginn eines neuen… Eine Zeitenwende des Erwachens…
Der Vollständigkeit halber hier noch einige Beispiele von Gruppierungen, welche sich als `wissend` einstufen, auch wenn jene sich dazu entschieden haben, ihr erlangtes Wissen *gegen* die Menschheit einzusetzen, um eine Machtverschiebung zu erwirken.

Ich brachte bereits das Beispiel `*Blue Book*` – ein Öffentlichkeitsprojekt, und die Öffentlichkeit ist für diese dumm (also blau im Sinne von *unwissend*, *blau*äugig). Also ging es hierbei auch um die Verwendung unter dem Gesichtspunkt von `*dumm* halten`.

Die Wissenden kannten aber sehr wohl den wahren Kern der Geschehnisse, sonst wären sie ja schon alleine letztlich nicht in der Lage gewesen, *wahre* Sichtungen *auszusortieren* und Fehldeutungen in den Berichten *zu belassen*... An dieser Stelle ist nochmals anzumerken, dass jene Verschwörung von den Freimaurern und Illuminaten am Leben gehalten wird. Und sie halten sich durchaus für wissend. Artefakte von UFO-Abstürzen wurden so in einer unterirdischen Anlage aufbewahrt, die den Namen `Blauer Raum` (`Blue Room`) trägt. So erbat der Politiker und *Freimaurer* Senator Barry Goldwater Einblick in diesen. Er war republikanischer Senator und Ex-Gouverneur von *Arizona*. Fragte bei einem Besuch auf der Wright Patterson Luftwaffenbasis seinen Freund *General Curtis Le May* nach den Gerüchten über abgestürzte UFOs und tote Außerirdische und bat darum, den `*Blauen Raum*` sehen zu dürfen, in welchem die UFO-Artefakte gelagert waren, worauf ihm jener antwortete: `*Verdammt, nein. Ich darf nicht gehen, du darfst nicht gehen, und stell mir nie wieder diese Frage!*`

Kommen wir nochmals zurück zu den Pyramiden. Im vorigen Kapitel habe ich Ihnen anhand eines Beispieles mitgeteilt, wie man das Kraftfeld einer Pyramide *öffnen* kann. Die Pyramide ist nachweislich eines der Schlüsselsymbole der Illuminaten und Freimaurer. Und wie `öffnet` man diese? *Indem man die eine Pyramide seitenverkehrt in der anderen positioniert* (In der Talkshow `Fliege` ließ der Moderater (und Pfarrer) in jener `Doppelpyramide` Messungen vornehmen, da er Beweise für diese Behauptungen forderte, welche anhand elektrischer Geräte *nachprüfbar* sind. Sowohl das *Kraftzentrum* sowie die hier im Buch gemachten Aussagen zu der Wirkungsweise wurden dort bestätigt und demonstriert). Von Insidern verschiedener Geheimgesellschaften und Logen wird immer wieder angegeben, dass jenes Wissen bereits in den *Mysterienschulen der Ägypter* (welche wiederum das Wissen aus den Mysterienschulen der Atlanter vermittelten) vor tausenden von Jahren gelehrt wurde. Und welcher Staat hat in seinem Wappen zwei Pyramiden, welche *gegeneinander* gedreht sind? Israel... Werden die 12 Stämme Israels (*siehe die Bibel, Genesis 49*) nicht in verschiedenen heiligen Schriften als `der Vater Israel` bezeichnet (*Genesis 49.2*)? Steht dahinter eine Bedeutung oder Zufall?

Vergessen Sie sich nie zu fragen: Für *wen* wurde etwas konzipiert? Für das *unwissende Sklavenvolk* oder für die *wenigen hundert Eingeweihten*?

Egal ob Sie nun Atlantis für einen Mythos halten, oder nicht – deren Bewohnern wurden die gleichen `übernatürlichen` Kräfte in den Überlieferungen zugeschrieben, wie den Plejadiern / Plejaren aus den Kontaktlerberichten der UFO-Jünger. Eines kann ich Ihnen jetzt schon zu *diesen* Dingen (Telepathie, Hellsehen, et cetera) sagen, welche Sie *heute noch nicht* können: Die Tatsache, dass sie in der Regel offensichtlich nicht funktionieren, bevor Sie das Wissen besitzen, ist nur auf den Faktor zuzuschreiben, dass Sie *nicht wissen*, wie es funktioniert und welche Voraussetzungen dazu notwendig sind. Dies ist nicht ganz *unbeabsichtigt*, was die Bildungs- und Schulsysteme, die Medien und Wissenschaften angeht. Denn sie sind alle Teil des Systems, bestehend aus `Lehrplänen`, `Gesetzen` und (offiziell) `freier` Meinung.

Ich sagte Ihnen auch, Wissen ist nicht ganz ungefährlich. Seien Sie sich dessen immer bewusst. Sie werden so lange nicht auffallen, so lange Sie sich nicht auffällig benehmen. Aber in Amerika hat *im Jahre 2003* George Bush jun. schon *eine Resolution unterzeichnet*, die es dem amerikanischen Geheimdiensten und ausführenden Stellen erlaubt, nun auf Gesetzesgrundlage Ihren Buchhändler zur Herausgabe von persönlichen Daten über `Sie`, *den Käufer* `Bush-*feindlicher*` oder Amerika-*feindlicher*` Literatur, beziehungsweise `Amerika-*kritischer*` Literatur, zu `bitten`. Dies hat bei einigen Buchhändlern im Land der (im Wahrsten Sinne des Wortes) `Unbegrenzten Möglichkeiten` zu einem regelrechten `Ansturm der Entrüstung` geführt. Offiziell wurde diese Resolution mit dem Verweis auf den `Kampf gegen den Terror` verabschiedet und begründet. Und sein Nachfolger Barack Obama ist für viele der sprichwörtliche Wolf im Schafspelz, der `alles auf die Spitze` treibt, aber dabei besänftigend und friedlich auf den Normalbürger wirkt.

Das erinnert den geschulten Beobachter doch stark an Vorgänge, wie sie in unseren alten Science-Fiction-Filmen wie `Fahrenheit 451` oder `Brazil` angekündigt wurden.

Und dies ermächtigt natürlich auch die Geheimdienste und Polizeibehörden, in die Zentralcomputer der Händler einzudringen und sich die Daten *selbst* zu beschaffen. *Auf `legalem` Weg, versteht sich ...*

Der damals in Kraft getretene `US Patriot-Act` erlaubt es den USA, mit gesetzlicher Rückendeckung jeden Ausländer auf *unbestimmte Zeit* (!) festzunehmen und zu inhaftieren, der in die Vereinigten Staaten einreist, alleine auf den **Verdacht** hin, er könne an regierungsfeindlichen Unternehmen gegen die USA beteiligt sein... Und bei Bedarf landet er in einem geheimen Lager wie Guantanamo und wird unter Aushebelung der Menschenrechte festgehalten oder gar exekutiert.
In Großbritannien gibt es nach den Geschehnissen um den 11.September 2001 *die gleiche* Gesetzesregelung. Zwischenzeitlich wurden die `Anti-Terrorgesetze` in vielen Ländern, einschließlich Deutschland, nach 9/11 als offiziellen Beweggrund verschärft und sorgten dafür, eine Art Big Brother-Staat auf den Weg zu bringen.

Nehmen Sie dieses kleine Büchlein, wenn Sie wollen, einfach als *Gebrauchsanleitung* für die verschlossenen Türen. Weitere Antworten und Hinweise, die Sie jetzt noch suchen, werden Sie hinter diesen sicherlich finden. *Ich weiß es.*

Womöglich ist der eine oder andere unter Ihnen, welcher nichts Schlechtes um sich wahrnimmt und das `Big-Brother-Szenario` noch als *reine Verschwörungsgeschichte ohne Wahrheitsgehalt* sieht. Für jene habe ich einige Schlussgedanken:

Was Sie denken und glauben, ist Ihr gutes Recht. Ebenso, wie viel Fiktion Sie in dieser eben gelesenen Geschichte sehen. Doch ich persönlich glaube, dass der Name `Schläfer` zwar gerne in Verbindung mit ein paar mutmaßlichen Terroristen in Verbindung gebracht wird, aber auch auf eine ganz andere Personengruppe zutrifft...

Der Großteil der Bevölkerung nimmt nichts mehr wahr, was sie nicht glauben will. Beginnen wir im Ländle des Autors. Die Landeshauptstadt von Baden Württemberg soll laut Polizeipräsidenten wie *Schairer* möglichst bald komplett mit Funkvideokameras ausgestattet werden, um das Verbrechen zu bekämpfen. Dabei geht es nicht mehr um die alleinige Überwachung von *Plätzen* und *Bahnhöfen*, sondern um ein nahezu flächendeckendes Projekt, welches auch Nebenstraßen betrifft, in welche sich ja nun angeblich die Straftäter verlagern werden. Kurz vor der Veröffentlichung der Erstauflage habe ich wieder eine TV-Diskussion über diesen Fall in *BTV* mit ansehen dürfen. Zeitungen berichten diese Tage darüber. So schrieb eine beliebte `BILD`-ende-Zeitung` in einem groß aufgebauschten Artikel unter der Überschrift `Video-Angriff auf das Verbrechen` am 28. Januar 2004 darüber. Dort finden wir auch solch `ernstzunehmende` Details wie unter dem Foto des Charlottenplatzes von Stuttgart den Satz: `*Hier starten Handtaschen-Diebe und Straßen-Räuber ihre Beutezüge durch die Stadt. Oder sie flüchten über die U-Bahn-Treppen zu abfahrenden Stadtbahnen.*` Sie haben allerdings bei dem Artikel vergessen anzugeben, `ob um 15 Uhr oder 16 Uhr, was man als Vesper mitbringen muss und wie lange der Beutezug geht` – für *jene* von diesen, welche früh ins Bett wollen...
Nach diesem Artikel finden wir in jener wichtigen Zeitung plötzlich immer wieder *weitere* Artikel über Schläger, welche nun unter anderem unsere Straßenbahnen unsicher machen, weshalb dafür plädiert wird, auch in diesen Stadtbahnen eine komplette Video-Überwachung einzuführen... War dies vor dem Erscheinen der Erstauflage noch Zukunftsmusik, so ist dieses Szenario inzwischen Realität geworden.

Und Stuttgart ist nur *eine* Stadt. Natürlich wird es nicht möglich sein, *derzeit jeden Bürger bei jeder Gelegenheit überwachen zu können*, aber das System funktioniert **andersherum**. Für *den* Fall, dass Sie verschuldet (oder **unverschuldet** ...) ins *Visier* der Zielfahndung kommen, wird es ein *Leichtes* sein, **SIE** auf *Schritt und Tritt* zu überwachen...

Viele Speditionen und LKW-Fahrer freuten sich damals wohl über das verspätete Einführen der LKW-Maut. Doch diese *sollten nicht die einzigen sein, die nochmals aufatmen können...* Für sehr kurze Zeit... Denn was Ihnen als Bürger *nicht* erzählt wird, ist die *Technik* hinter dem inzwischen eingeführten Maut-System: Hinter der von T-Collect und dem Herstellern Telekom/Daimler/Cofiroute jetzt umgesetzten Technik steckt **eine wahre `Revolution`im Sinne mancher.** Es geht *nicht* darum, `irgendein Maut-System`, wie zum Beispiel in der Schweiz, zu installieren... [1]

Die Technik soll *bahnbrechend* sein. Sie arbeitet auf Autobahnen ohne Spurbindung der Fahrzeuge. Nur ist es dem Mautsystem *relativ egal*, ob sich der Mautstelle ein LKW nähert oder *ihr privater PKW*. Es registriert *ALLE*. WENN gewisse Stellen *dies* wollen... Nur haben Sie noch keine `Abkassiervorrichtung` in Ihrem PKW... Natürlich ist dies technisch gesehen praktisch. Denn sollte sich die Gesetzgebung in zehn Jahren auf andere Zielgruppen *ausweiten*, muss kein neues System mehr installiert werden. Die *Kehrseite* der Medaille ist, dass Sie mit dieser Technik auch *überwacht* werden können, *wenn Sie ins Visier des Überwachungsstaates kommen.* Wo auch immer Sie sich auf der Autobahn befinden... *Offiziell* will man so natürlich `Schwarze Schafe` ausschließen, welche die Abkassiererei umgehen wollen.

Bereits heute sind in *sämtlichen* Tunnelsystemen Überwachungskameras installiert, ebenso wie an großen öffentlichen Plätzen und verkehrsreichen Kreuzungen und Knotenpunkten. Zur Sicherheit... Sowie auch in anderen Einrichtungsbereichen. Insgesamt entsteht so bereits der Ausbau zur nahezu lückenlose Überwachung. *Falls eine Behörde der Versuchung eines Missbrauchs nicht widerstehen kann, was in Deutschland ja nicht neu wäre...*
Ihr Handy sowie Ihr Navigationssystem im Auto können das Übrige tun, um Ihren Standort zu verraten. Und durch Ihr Handy / I-Phone können Sie selbstverständlich *24 Stunden am Tag* **abgehört** und überwacht werden, **selbst wenn es ausgeschalten ist**. Die *einzige* Möglichkeit, dies derzeit zu *umgehen*, wäre noch bei vielen Modellen, **den Akku zu entfernen**. Ihre Telefongespräche und Mails werden durch eine *spezielle Software* nach *Stichworten* abgesucht,

---

[1] Inzwischen ist diese Anlage in Betrieb. Beim Erscheinen der Erstauflage war dies noch nicht so. (Anmerkung d. Verfassers)

welche `verdächtig` erscheinen. Auch so kommen Sie unter Umständen unschuldig in die Zielfahndung, dessen Programm übrigens auch schon bei nur verdächtigen `Teilworten` (Bruchstücken) auf Sie aufmerksam werden kann. Denn schließlich kann sich ein Terrorist `ja auch mal aus Versehen verschreiben`, *oder ist der genauen Rechtschreibung nicht mächtig.*

Durch die *Einführung der `neuen` Anti-Terrorgesetze* nach dem 11.09.2001 können Sie nun **jederzeit** in die Zielfahndung kommen, welche die Beamten schon **bei `Verdacht`** ermächtigt, **Ihre Privatsphäre in den Wind zu schießen** und sich als Ihr neuer Nachbar vorzustellen... Und diese Gesetze sind bekanntlich nicht nur in Deutschland in Kraft getreten... Es gibt tatsächlich einige *Blau*äugige, die gedacht haben, das `1984` erst nach einer Art `Offene Abstimmung` installiert wird, wo der nette Bürger gefragt wird: `*Willst du dies oder willst du dies nicht?*` Und je nachdem, wie dieser sich entscheidet, tritt die Schreckensvision in Kraft – *oder eben auch nicht...* **BLÖDSINN!** Doch vielleicht stört es Sie ja in keiner Form, beim Pinkeln bereits heute nicht alleine zu sein. `1984` **ist Heute.** Und `Sie` haben es nicht gemerkt... *Möglicherweise sollten Sie das auch nicht...*

Wie bereits erwähnt: Es ist nun alleine Ihre persönliche Geschichte, inwieweit Sie dieses Buch als *Fantasie* oder *Realität* ablegen. Ich habe dieses Büchlein diesmal bewusst nicht als `Roman` oder `Fiktion` tituliert, auch wenn für einige manche darin enthaltenen Ereignisse darauf schließen lassen. Diese Einstufung liegt bei Ihnen. *Denn dies ist Teil des dahinter liegenden Sinnes.*

Wenn Sie es möchten, ist es ein Roman oder eine Fiktion. *Dann werde ich Ihnen dies auch gerne bestätigen.* **Wann und wo auch immer.** Wenn Sie feststellen sollten, die hier enthaltenen Dinge basieren *nicht* auf Fiktion oder sind alles andere als ein Roman, dann werde ich es Ihnen womöglich *nicht* bestätigen, aber Sie werden dann *wissen,* dass es die Wahrheit ist...

Eine Frage bin ich Ihnen noch schuldig: *Was ist nun mit den flächendeckenden Stromausfällen auf der Welt (Amerika, England, Italien)?* Letztlich ist es nur die Unterbrechung eines Strom- und Energienetzes. Für die *einen* Glück, für die anderen Pech...

Ob dies ein normales Buch ist? Vielleicht ja. Vielleicht nein. Wenn die Macher von Matrix ihre Gedanken aus einer `*Ein*-gebung` bezogen hätten, vielleicht wäre es dann bei mir `*genau*so`? Vieles in diesem Büchlein ist nicht leicht zu verstehen und es wird seine Zeit brauchen. War dieses Büchlein nur eine *Geschichte*? Lassen Sie sich nicht verwirren. Denn dann wird diese Geschichte Sie zur Wahrheit *führen*... Und nichts anderes ist der Sinn. Auf jeden Fall wird Trinity Ihnen zum Abschluss noch etwas mit `auf den Weg` geben.

Was Sie jetzt lesen, ist Fiktion:

Es ist mir wichtig, mich nochmals kurz zum Abschluss an Dich zu wenden. Viele von Euch hatten in der Vergangenheit merkwürdige Begebenheiten in ihrem Leben. Dinge, welche sie sich nicht erklären konnten. Dies ist kein Zufall. Ihr solltet darauf aufmerksam gemacht werden, dass euer Leben auf falschen Idealen aufgebaut ist zur Errichtung eines Sklavenstaates. Ihr solltet darauf aufmerksam gemacht werden, dass es viel mehr gibt als das, was Euch Eure Wissenschaftler lehren. Manche von Euch haben Menschen in ihren Wohnungen gesehen, welche an ihrem Bett saßen oder standen und sich danach in `Luft auflösten`... Andere hatten Erlebnisse von Zeitsprüngen oder eine intuitive Wahrnehmungsveränderung, welche sich über sie stülpte, wie eine Käseglocke – für kurze Zeit – als würde die Welt ihren Atem anhalten, was alles `unreal` erscheinen ließ. Und wieder andere hatten UFO-Sichtungen und außerkörperliche Erfahrungen, Gegenstände, die verschwanden und wieder auftauchten, obwohl sie nicht vom Fleck bewegt wurden. Ihr alle seid Teil eines hochgeheimen Programms, welches das Ziel hat, eure Wahrnehmung zu verändern. Hinter dem Rücken der `Geheimen Regierung`.

Viele von Euch haben danach diese Erlebnisse verworfen. Weil sie nicht `sein können`... Doch bei allen hat sich eine Bewusstseinsveränderung ergeben. Ihr seid kritischer geworden, beschäftigt Euch und redet mit euren Mitmenschen anders als zuvor. Schon allein die Tatsache, dass die meisten von Euch sich nun gedanklich damit beschäftigen, dass eine Macht hinter verschiedenen Regierungsinstitutionen arbeiten `könnte`, ist ein Erfolg. Denn dies hat Eure Wahrnehmung geschärft auf gewisse Vorgänge in Eurer Welt und deren wahre Hintergründe. Ich sagte Euch, es ist ein Krieg im Gange, den Ihr nur wahrnehmen könnt, wenn Ihr Euren Blickwinkel verändert. Die Geheime Regierung wird bis zuletzt alles unternehmen, um zu verhindern, dass sich die Menschen zu viel mit Dingen beschäftigen, welche `Euch nichts angehen`... Sei es durch genmanipulierte Nahrung und die Euch nun bekannte Nahrungsmittelkontrolle, Schulsysteme, Medienkontrolle und Eure `selbst` gewählten Politiker (Marionetten). Seid Euch gewiss, Ihr könnt nicht einfach hingehen und Bundeskanzler werden. Ihr werdet ausgewählt. Und seid Euch ebenso gewiss, dass die Leute ausgewählt werden, über welche bestimmten Kreisen alles bekannt ist, was deren `Schattenseiten` angeht, deren sexuelle Neigungen und alles, was diese Menschen im Ernstfall erpressbar machen wird, was deren `kleine dunklen Seiten in ihrer Vergangenheit` betrifft. Ebenfalls ein Grund, warum ich diese `Marionetten` genannt habe. Wenn Ihr in gehobene Positionen der offiziellen Regierung wollt, dann seid Ihr `Volksvertreter`. Schon allein dies rechtfertigt es, Eure Vergangenheit zu durchleuchten, damit keine bösen Überraschungen auftreten vor der Weltöffentlichkeit und dadurch Schaden am Ansehen des Landes im In- und Ausland entstehen kann. Dies ist die `offizielle` Begründung. Die inoffizielle nannte ich zuvor... Diese Menschen werden im Ernstfall, wenn ihre Felle davon schwimmen, lieber den Mund halten und zurücktreten, wenn ihnen klar geworden ist, dass bestimmten Kreisen alles bekannt ist, was ihre `schwarze Vergangenheit` angeht, welche sie bloßstellen würde vor der Weltöffentlichkeit. Manche treten zurück, andere `treten ab`, wie es das Beispiel Möllemann gezeigt hat, welcher mit seinem kurz zuvor verfassten Buch `Klartext` noch einmal einen Rundumschlag ausgeführt hat. Das ist Dir neu? Ich hoffe, Du verstehst jetzt.

Ich möchte Dir eines nicht verschweigen. Auch wenn Du jetzt darüber lachst. Es hat einen Grund, warum Du dieses Buch gekauft hast. Deine Matrix hat Dich zu ihm geführt. Und jeder, der dieses Buch bekommt, hat die Möglichkeit, alle Schlüssel zu finden. Und jeder, der alle Schlüssel findet, wird einen realen, außerirdischen Kontakt bekommen. In Deiner Realität. Denn dieser hat es geschafft und die Botschaft verstanden.

Vielleicht werden wir dann im Supermarkt neben Dir an der Kasse stehen und uns für einen Moment zu erkennen geben. Vielleicht an anderer Stelle. Vielleicht antworten wir auf Eure Gedanken in der `Realität`, oder vielleicht geben wir Euch einen Hinweis in der `Realität`. Oder es geschieht ganz anders. Also achtet dann in den darauf folgenden Monaten mehr auf Euer Umfeld, wer in Eurer Nähe was sagt. Und zu wem... So werdet Ihr die Wahrheit erkennen. Wir sehen aus wie Ihr. Ihr würdet uns nicht erkennen. Nicht einmal der Schreiber. Dieser eine Moment soll die Belohnung sein. Die Belohnung für Dein Bemühen, so lange an uns geglaubt zu haben. Ohne einen physischen Beweis. Dieser eine Moment soll Dir Kraft geben für den Rest Deines Lebens. Denn wir können ihn wahrscheinlich nicht wiederholen. Zumindest können wir es nicht versprechen.

Wir haben eine schwere Aufgabe. Denn es ist ein Krieg im Gange. Doch dieser Krieg ist auf Deiner physischen Ebene kaum bemerkbar. Du könntest ihn vielleicht ab und zu erkennen, weil Du weiter bist, wie viele andere.

Auch diese Botschaft ist in `Matrix` enthalten. Würdet Ihr Euch nur in jenen Raum befinden, in welchem sich der Körper von mir und Neo auf einem Stuhl liegend aufhält, Ihr würde den Kampf nicht mitbekommen.

Wir werden dafür sorgen, dass jeder, der dieses Buch liest und verinnerlicht, uns einmal in der Realität erkennen darf. Der Zeitpunkt liegt nicht in Eurer Hand. Es ist ein Liebesdienst. Denn Liebe ist die stärkste Kraft. Vergiss das nie. Sie endet nie. Nur Eure Wahrnehmung. Doch am Ende Eures Lebens werdet Ihr Euch denen liebend erinnern, mit welchen Ihr zusammen wart und einen Großteil Eures Lebens verbracht habt. Wen Ihr einmal geliebt habt, werdet Ihr immer lieben. Glaubt mir. Erinnert Euch an diese Worte an Eurem letzten Tag. Und Ihr wisst, was ich meine...

Es steht eine Drohung im Raum. Und diese Drohung richtet sich gegen alle Menschen auf dieser Welt, falls das System zusammenfliegen sollte. Deshalb kann die Wahrheit nur in solch fiktiven Büchern wie diesem an die Öffentlichkeit gebracht werden. Andernfalls würde es nach den Plänen gewisser Kreise der Geheimen Weltregierung Millionen, ja sogar Milliarden Menschen den Tod bringen. Also nimm es dem Autor nicht übel, wenn er selbst über dieses Büchlein lächelt. Wenn etwas Wahres in diesem Buch stehen sollte, dann hast Du jetzt die Möglichkeit, es herauszufinden. So ist dies offiziell nur die Gebrauchsanleitung und das Beiheft zu einem fiktiven Roman, welcher ebenfalls erhältlich ist. Und ohne Realität. Revolution, Baby!

Vertraut auf die Liebe. Vertraut auf die Engel. `Try angel`. Trinity

Vielleicht sollten wir uns manchmal bei Entscheidungen und Vorgehensweisen überlegen: `Wie würde Jesus in dieser oder jener Situation handeln?` Möglicherweise ist diese Vorgehensweise hilfreich, um den richtigen Weg zu finden.

Neo wurde von Trinity *angelernt*. Und folgte Morpheus nach... Das ist die letzte Botschaft, welche ich gebe...

Ich wünsche Ihnen alles Gute
in der Fiktion ...

`How far down does the rabbit hole go?`
(`Matrix` Teil II – Reloaded)

PS: Denken Sie daran: es ist **viel zu früh** zu spät...

Verzeichnis für Suchende:
(Grundvoraussetzung Schlüssel 1-3) Dann (für☺):

Berufswechsel	4.Schlüssel
*Beten (Verstärker)**	*9.Schlüssel*
Ehrlichkeit	5.Schlüssel
Ernährung	5.Schlüssel
Geld	4.Schlüssel
Gesundheit	10.Schlüssel
*Glaube**	1.Schlüssel
Hellsehen	*2.Schlüssel°*
	8.Schlüssel
*Intuition**	2.Schlüssel
Kontakt / Außerirdisch	6.Schlüssel
	8.Schlüssel
Kontakte / andere Dimensionen	6.Schlüssel
	8.Schlüssel
Kontakte / erdgebunden	11.Schlüssel
Kontakt / Matrix-Code	8.Schlüssel
Liebe	4.Schlüssel
	5.Schlüssel
Matrix-Code	8.Schlüssel
Navigationssystem	*4.Schlüssel°*
	7.Schlüssel
Orte finden	*4.Schlüssel°*
	7.Schlüssel
Partnerschaft	4.Schlüssel
	5.Schlüssel
Personen-Findung	*4.Schlüssel*
°	7.Schlüssel
Politik / Hintergründe	5.Schlüssel
Psychokinese	11.Schlüssel
Prophezeiungen	*4.Schlüssel°*
	8.Schlüssel
Sachgegenstände	4.Schlüssel
*Selbsthilfe**	3.Schlüssel
Telepathie	11.Schlüssel
Traumdeutung	8.Schlüssel
Vergangenheit	4.Schlüssel
	8.Schlüssel
Wahrheitsfindung	5.Schlüssel
Wahrnehmung	6.Schlüssel
Wahrträume	8.Schlüssel

* = Grundschlüssel (Erklärung)
° = Aufbauende Schlüssel (Einführung)

Follow the `white rabbit`...

...wherever `he` is...

...Follow `me`.